Lothar Riedel

Die
schmalspurige Dampfstraßenbahn
Eltville - Schlangenbad

Damit das Mögliche entsteht, muss immer wieder das Unmögliche versucht werden.

Hermann Hesse (1877 – 1962)

Inhaltsverzeichnis

Vorwort   7

Die Entwicklung des Eisenbahnwesens im Mittelrheingebiet
Der Rheingau   8
Die rechtsrheinische Uferbahn   11

Bau der Schmalspurbahn Eltville - Schlangenbad
Der Badeort Schlangenbad bemüht sich um einen Bahnanschluss   12
Eine Schmalspurbahn entsteht   20

38 Jahre Schmalspurbahnbetrieb
Die ersten Betriebsjahre   24
Kleinprojekte im Rheingau   28
Die Zeit vor und nach dem Ersten Weltkrieg   32
Einstellung des Bahnbetriebs und neuer Eigentümer   34
Endgültige Stilllegung   42
Betriebsführung   43
Zeittafel   50

Streckenbeschreibung und Betriebsanlagen
Kleinbahnfahrt von Eltville nach Schlangenbad   51

Fahrzeuge der Dampfstraßenbahn
Dampflokomotiven   62
Personenwagen   75
Güterwagen   78

Anhang
Nachtrag und Danke   81
Quellenverzeichnis   82

Eigenverlag Riedel
Hornhof 19
45478 Mülheim an der Ruhr
Fax: 0208-997068
www.eigenverlag-riedel.de
info@eigenverlag-riedel.de

Herstellung und Verlag:
BoD – Books on Demand, Norderstedt
ISBN 978-3-8330-1029-3

Titelbild
Ein Dampfstraßenbahnzug, bestehend aus Lok Nr. 2 und zwei Personenwagen, bei an der Haltestelle Rauenthal
Foto: Sammlung P. Scharhag

Rückseite
Eine Obligation der Allgemeinen Deutschen Kleinbahn-Gesellschaft

Vorwort

Vor über 100 Jahren, am 21. Juni 1895, eröffnete die Kleinbahn Eltville-Schlangenbad mit einer Spurweite von 1000 mm ihren Betrieb. Als Zubringerbahn diente sie im Wesentlichen dem Personenverkehr, um die Kurgäste und Wanderer nach Schlangenbad, aber auch Ausflügler an herrlichen Wochenenden in das Weinanbaugebiet um Neudorf (heute Martinsthal) und Rauenthal zu befördern. Der einheimischen Bevölkerung eröffnete sie den Weg in die „weite Welt". Der Güterverkehr hingegen war nie von Bedeutung.

Während ihres nur 38-jährigen Bestehens hatte die Dampfstraßenbahn immer wieder mit vielerlei Schwierigkeiten zu kämpfen. In den Anfangsjahren konnte der Betrieb nur durch Zuschüsse der Anliegergemeinden aufrechterhalten werden.

Die Wirtschaftskrise zu Beginn der zwanziger Jahre des vorigen Jahrhunderts brachte die Bahn in arge Bedrängnis, die scheinbar unvermeidbare Stilllegung wurde diskutiert. Als „Retter in der Not" übernahm im Jahre 1927 der Magistrat der Stadt Eltville die Dampfstraßenbahn.

Schließlich mußte die Dampfstraßenbahn dem immer stärker werdenden Individualverkehr weichen. Der damals schon bestehende Omnibusverkehr zwischen Wiesbaden-Schlangenbad und Eltville-Schlangenbad brachte das endgültige Aus. Am 12. Juni 1933 verkehrte der letzte festlich geschmückte Personenzug. Der „Feurige Elias" wurde stillgelegt und abgebaut.

Trotz intensiver Bemühungen konnte auch bei dieser Kleinbahn kein geeignetes Bildmaterial vorgefunden werden. Die vorliegenden Bilder der Dampfstraßenbahn aus den zwanziger bzw. dreißiger Jahren des vorigen Jahrhunderts entsprechen ohne Zweifel nicht dem heutigen Stand, sie sind mehrfach reproduziert bzw. abfotografiert worden. Für diese Veröffentlichung war hingegen der Raritätswert entscheidend.

Die Spuren der Bahn sind seit vielen Jahren im Landschaftsbild verschwunden, nichts erinnert mehr an den emsigen Betrieb dieser doch liebenswerten Dampfstraßenbahn.

Lothar Riedel

Die Entwicklung des Eisenbahnwesens im Mittelrheingebiet

Der Rheingau

Der Rheingau, eines der kleinsten, aber bedeutendsten deutschen Weinanbaugebiete, erstreckt sich südwestlich des Hoch- und Vordertaunus zwischen Wiesbaden und Assmannshausen. Die überwiegend mit verwitterten Tonschieferböden bedeckten nach Süden abfallenden Hänge des Rheingaugebirges werden, vom milden Klima begünstigt, durch intensiven Wein- und Obstanbau genutzt. Eine Zeitbestimmung des Weinanbaus im Rheingau ist nicht möglich. Mit Sicherheit steht allerdings fest, dass im frühen Mittelalter die Förderung des Weinanbaus in der Hauptsache am Wirken der ansässig gewesenen geistlichen Orden zu verdanken ist, zu dem insbesondere das Zisterzienserkloster Eberbach gehört.

Die bekannten Gemarkungen in Eltville, Rauenthal, Martinsthal und Erbach bringen heute Spitzenweine hervor. Neben dem Wein kam auch der Eltviller Sekt Anfang des 19. Jahrhunderts durch den Weinhändler Matheus Müller zu Weltruf. Unter der Marke **MM** war er einer der ersten Hersteller des schäumenden Weins nach französischem Verfahren.

Schon immer war der Fremdenverkehr in diesem herrlichen Weinanbaugebiet von großer Bedeutung.

Im 10. Jahrhundert war der Rheingau der nördliche Teil des fränkischen Reiches (Privileg Kaiser Otto II). Der Name Rheingau stammt aus der Zeit des fränkischen Königreichs, dessen Länder im Rahmen der Verwaltung und Rechtsprechung in „Gaue" eingeteilt waren. Eltville war der Hauptort dieses Territoriums.

Geschichtlich und kulturell hat die älteste Stadt im Rheingau, Eltville, einiges zu bieten. Der Ortsname geht aus dem lateinischen Begriff „Alta Villa" hervor, der frei aus dem Latein übersetzt soviel heißt wie: „das hohe Dorf". Die Stadt wurde 1058 erstmals urkundlich erwähnt

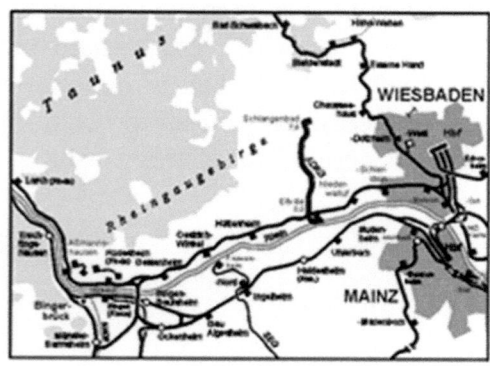

Übersichtskarte   *Zeichnung: Henning Wall*

und erhielt durch Kaiser Ludwig der Bayer im Jahre 1332 die Stadtrechte. Das nicht zu übersehende Wahrzeichen der Stadt ist der heute viergeschossige weißgetünchte Wohnturm der kurfürstlichen Burg am Rheinufer; der Bau der Festung geht auf das 14. Jh. zurück und diente über anderthalb Jahrhunderte den Mainzer Kurfürsten als Residenz. Die vier weltlichen und drei geistlichen Kurfürsten hatten u.a. die Königswahl festzusetzen. Die Einberufung der Wahlversammlung erfolgte durch den Mainzer Erzbischof und Kurfürsten. Ferner war der Mainzer Erzbischof auch Erzkanzler des Heiligen Römischen Reiches Deutscher Nationen. Während des 30-jährigen Krieges zerstörten die Schweden die Burganlage bis auf den Turm.

Des Weiteren ist Eltville bekannt geworden durch den Erfinder der Buchdruckerkunst, Johannes Gutenberg. Obwohl Gutenberg in Mainz geboren wurde und auch viele Jahre dort gearbeitet hat, wurde ihm in Eltville zu Lebzeiten die einzige Ehrung zuteil. Bei einem längeren Aufenthalt in der Stadt wurde Gutenberg für seine Arbeiten im Jahre 1465 vom Mainzer Erzbischof und Kurfürst Adolf II. von Nassau zum Hofedelmann ernannt und mit einer Leibrente versehen.

Anlegestelle der Rheindampfer in Eltville, links die Pfarrkirche St. Peter und Paul, rechts der Burgturm der ehemaligen Kurfürstlichen Residenz
Foto: Sammlung Paul Scharhag

Um 1467 wurde in Eltville ebenfalls eine Druckwerkstatt eingerichtet, die von den Verwandten Gutenbergs, den Brüdern Bechtermüntz, geführt wurde. Als erstes Werk erschien dort das deutsch - lateinische Wörterbuch „Vocubolarius ex quo".

Im wieder aufgebauten Ostflügel der Burganlage am Rhein befindet sich eine Gutenberg-Gedenkstätte, sie erinnert an Gutenbergs Erfindung und sein vorübergehendes Wirken in Eltville.

Thomas Mann verhalf der Stadt Eltville zu literarischem Ruhm durch seinen Roman „Bekenntnisse des Hochstaplers Felix Krull". Der Romanheld ist in Eltville geboren und Sohn eines Sektfabrikanten.

Eltville als so genannter Vorzeigeort des Rheingaus ist außerdem seit Ende des 19. Jahrhunderts als „Rosenstadt am Rhein" bekannt. Insbesondere in den Monaten Juni und Juli blühen in den städtischen Grünanlagen und nahe der Burg am Rhein rund 20.000 Rosenstöcke in verschwenderischer Pracht.

Das Weindorf Martinsthal (Neudorf) kann ebenfalls auf eine über 630 Jahre alte Geschichte (a.A. 1363) zurückblicken. Der Ort, heute zur Stadt Eltville gehörend, ist durch die ansässigen Winzer und die Leistungen der vorangegangenen Generationen zum Inbegriff

Rheingauer Weinbautradition bekannt geworden.

Schon im 12. Jahrhundert hatten die Mönche des Klosters Eberbach erkannt, dass der edle Tropfen für sie nicht nur eine Quelle des Labsals bedeuten konnte, sondern der Weinbau und Weinhandel im Laufe der Jahre auch zu Reichtum führte. Seit 1918 ist das Kloster eine Staatsweinkellerei. Neben der Herstellung von hervorragenden Weinen sind die alljährlich stattfindenden Klosterkonzerte hervorzuheben. Das Kloster Eberbach ist das einzige Zisterzienserkloster Europas, das in der mittelalterlichen Pracht erhalten blieb und diente teilweise als Kulisse für die Verfilmung „Der Name der Rose".

Der Bade- und Kurort Schlangenbad zählt mit zu den kleinsten Staatsbädern in Deutschland. Die Heilkraft des warmen Wassers hat man allerdings erst verhältnismäßig spät, etwa Mitte bis Ende des 17. Jahrhunderts, erkannt. Tief in der Erde verteilt sich u.a. das Wasser am Südhang des Bärstadter Kopfes und entspringt schließlich aus neun Quellen mit einer Temperatur von $22-31^0$ Celsius im Bereich des heutigen Kurhauses und des Römerbades. Es blieb im Laufe der Zeit nicht aus, die wirtschaftliche Nutzung der Heilquelle einzuleiten. Badehäuser und Logierhäuser wurden gegen Ende des 17. und Anfang des 18. Jahrhunderts gebaut und der Ort entwickelte sich in den folgenden Jahrhunderten stetig. In der ersten Hälfte des 19. Jahrhunderts gab sich zunehmend der Hochadel in Schlangenbad ein Stelldichein. Der Badeort wurde auf diese Art und Weise weit über die Grenzen Deutschlands hinaus bekannt. Heute ist Schlangenbad Hessisches Staatsbad und Erholungsort im westlichen Taunus mit seinen waldbedeckten Mittelgebirgshöhen.

Das Heilbad hat seinen Namen nach der hier lebenden ungiftigen Aeskulapnatter erhalten. Die 1,5-2m lange und wärmeliebende Kletterschlange hat sich über viele Jahrhunderte bis heute in den Wäldern mit seinen warmen Quellen halten können. Merkwürdig ist allerdings, dass diese Schlangenart nördlich der Alpen nur im Gebiet um Schlangenbad vorzufinden ist, hingegen ist sie in Südeuropa häufiger anzutreffen. Die Natter ist Vorbild für den Aeskulapstab, das Symbol der Ärzte und des antiken Gottes der Heilkunst.

Durch den Reichsdeputations-hauptschluss traten ab 1803 zahlreiche Gebietsverschiebungen und Entschädigungen der betroffenen Reichsfürsten ein. Der Rheingau wurde 1806 dem Herzogtum Nassau zugeteilt, ab 1866 fiel Nassau an Preußen. Nach dem Ende des Zweiten Weltkrieges 1946 wurde das Gebiet Rheingau dem Bundesland Hessen zugeordnet. Durch die Gebietsreform des Landes Hessen im Jahre 1977 sind die Orte Erbach, Martinsthal und Rauenthal in das Stadtgebiet von Eltville eingegliedert worden.

Die rechtsrheinische Uferbahn

Das Eisenbahnzeitalter im Rhein-Main-Gebiet begann schon sehr früh durch die Taunusbahn mit der Eröffnung des Eisenbahnverkehrs am 26. September 1839 auf der Strecke Frankfurt/Main nach Hattersheim. Bereits am 19. Mai 1840 konnte der Eisenbahnverkehr auf der 42 km lang Strecke von der Freien Stadt Frankfurt/Main zu der nassauischen Hauptstadt Wiesbaden fertig gestellt werden. Der Gedanke lag nahe, die Strecke von Wiesbaden durch den Rheingau nach Rüdesheim fortzusetzen.

Um 1844 befasste sich ein Kölner Komitee, bestehend aus Kaufleuten und Eisenbahninteressierten, mit dem Projekt einer rechtsrheinischen Eisenbahn. Das Komitee sah eine Eisenbahnverbindung vor, die entlang des Rheins durch nassauisches Staatsgebiet von Wiesbaden über Rüdesheim bis Niederlahnstein und weiter durch das preußische Territorium über Neuwied bis nach (Köln) Deutz führen sollte. Das Komitee, das diesen Plan für realistisch und durchführbar hielt, bekam 1844 von der Nassauischen Regierung zwar die erforderliche Unterstützung, doch das Projekt wurde von der Gesellschaft schließlich nicht weiter verfolgt.

Erst 1852 wurde das Projekt einer Rheingaubahn wieder aufgenommen. Die Wiesbadener Eisenbahngesellschaft bemühte sich um eine Konzession zum Bau einer Eisenbahn zwischen Wiesbaden und Rüdesheim. Obwohl diese Gesellschaft zunächst nur die Verlängerung bis Rüdesheim anstrebte, fügte sie ergänzend ihrer Eingabe hinzu, „man möge ihr auch die Genehmigung zum Bau einer Eisenbahn von Wiesbaden bis Niederlahnstein erteilen".

Nach eingehender Prüfung des Konzessionsgesuches erteilte die Herzogliche Nassauische Regierung am 23. Juni 1853 die Genehmigung zum Bau einer Eisenbahn von Wiesbaden bis Rüdesheim einschließlich der Weiterführung bis Niederlahnstein. Sie räumte dem Verwaltungsrat der Gesellschaft das Recht ein, Verhandlungen mit der preußischen Regierung zum Bau der Eisenbahn rechts des Rheins bis nach Deutz zu führen.

Am 17. Februar 1854 wurde mit den Bauarbeiten bei Niederwalluf begonnen, die Bauaufsicht oblag dem englischen Ingenieur Vignolles. Der Verkehr konnte zunächst am 9./11. August 1856 auf dem 25,6 km langen Streckenabschnitt Rüdesheim - Mosbacher Kurve und am 11. Februar 1857 zwischen Mosbacher Kurve und Wiesbaden (5,3 km) eröffnet werden.

Bau der Kleinbahn Eltville - Schlangenbad

Der Badeort Schlangenbad bemüht sich um einen Bahnanschluss

Über die Verkehrsgeschichte der nebenbahnähnlichen Kleinbahn Eltville-Schlangenbad kann nur berichtete werden, wenn man die Bemühungen der Gemeinde und des Kurortes Schlangenbad umrisshaft darstellt und aufzeigt, wie dieser

Ort doch zu einem Bahnanschluss kam.

Anfang 1880 erließ die preußische Regierung ein Gesetz über die Neugliederung des Eisenbahn-wesens in Preußen. Durch diese

Regelung wurden Betrieb und Verwaltung aller größeren Privatbahngesellschaften von der Königlich Preußischen Eisenbahn Verwaltung (KPEV) übernommen. Zu diesem Zeitpunkt verfügte Preußen über das dichteste Eisenbahnnetz in Europa. Nun stand die Erschliessung und der Ausbau von Nebenbahnen bzw. von Lokal- und Regionalbahnen im Vordergrund. In vielen Gemeinden wurden Pläne erörtert, wie eine wirtschaftliche Verbesserung und Ausdehnung des Streckennetzes durch einen Eisenbahnanschluss zu erreichen wäre. Es bildeten sich Eisenbahnkomitees und Interessengruppen, die sich mit den verschiedenen Plänen befassten, doch viele dieser Projekte konnten aus wirtschaftlichen oder kommunalpolitischen Gründen nicht verwirklicht werden.

Das am 28. Juli 1892 vom preußischen Staat erlassene Gesetz über Kleinbahnen und Privatanschlussbahnen begünstigte ohne Einschränkungen die weitere Entwicklung zum Bau und Betrieb von Nebenbahnen und sollte zur Verbesserung der Verkehrssituation in den ländlich strukturierten Gebieten beitragen. Vor allem die Privatgesellschaften sowie die Städte, Gemeinden und Länder konnten unter gewissen Auflagen die Konzession zum Bau einer

Bahnlinie erhalten, für die der Staat kein Interesse zeigte.

Am 1. Juni 1870 eröffnete die Nassauische Eisenbahn die Zweigstrecke Diez – Zollhaus. Erinnert sei daran, dass durch das Gesetz vom 20. September und vom 24. Dezember 1866 das Herzogtum Nassau und die Nassauische Eisenbahn in das Eigentum des preußischen Staates übergegangen war.
Der Anschluss an die Rhein-Lahn-Bahn (Lahnstein – Limburg – Wetzlar – Lollar) bei Diez diente unterhalb der Aar neben der Landwirtschaft insbesondere dem Abtransport des in diesem Gebiet vorkommenden manganhaltigen Brauneisensteins. Zwar ließ die Kgl. Eisenbahn-Direktion Wiesbaden (KED) 1878 Vermessungsarbeiten vornehmen, um den Weiterbau der Strecke über Zollhaus hinaus aaraufwärts bis Langenschwalbach und Wiesbaden durchzuführen. Aber erst um 1881, nach der Übernahme der Privatbahngesellschaften, nahm man sich des Aartalprojektes wieder an. Alle in den folgenden Jahren vorgelegten Eingaben der Bewohner des Aartals, des Untertaunuskreises und des Gemeinderates der Stadt Wiesbaden über die Weiterführung der Strecke von Zollhaus in Richtung Wiesbaden an den Minister für öffentliche Arbeiten, Maybach, blieben erfolglos. Schon

1878 hatte der Wiesbadener Hotelier Zais auf die Notwendigkeit hingewiesen, eine Eisenbahnstrecke zwischen den drei Bädern Wiesbaden, Schlangenbad und Schwalbach zu bauen.

Am 2. April 1884 fand nun in der Handelskammer Wiesbaden mit Eisenbahninteressierten eine Diskussion über das Eisenbahnprojekt Wiesbaden – Aartal statt. Vorgeschlagen war eine Linien-

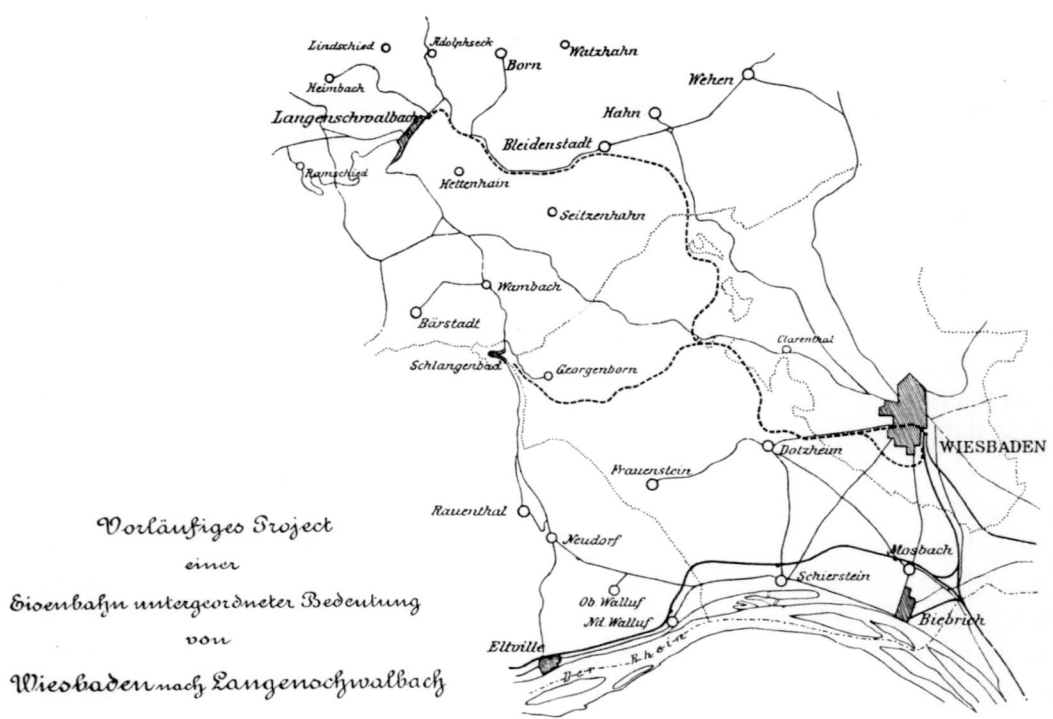

führung über Dotzheim - Georgenborn - Schlangenbad und Langenschwalbach. Einige Tage nach dieser Besprechung überreichte die Schlangenbader und Schwalbacher Deputation dem Minister für öffentliche Arbeiten Maybach in Berlin eine Petition und wies noch einmal auf die Notwendigkeit und das Interesse der Bädergemeinden für einen Bahnanschluss hin. Außerdem fügte sie eine im Auftrag der beiden Bäder vorgenommene Untersuchung bei, die von dem Erbauer der bayrischen Ostbahn, Karl Lang, und vom Bahntechniker Edmund Heusinger von Waldegg durchgeführt worden war.

Der nassauische Kommunallandtag hatte ebenfalls der preußischen Regierung den Bahnbau von Wiesbaden über Dotzheim nach Georgenborn empfohlen. Als Alternative wurde der Bau einer Schmalspurstraßenbahn über die Eiserne Hand oder eine normalspurige Sekundärbahn von Niederwalluff oder Eltville aus zu den Bädern vorgeschlagen.

Am 25. August 1884 erteilten der Minister für öffentliche Arbeiten und die KED Frankfurt/Main bzw. die Kgl. Regierung in Wiesbaden die Genehmigung zur Durchführung der Vorarbeiten *„für eine Bahn untergeordneter Bedeutung von Wiesbaden nach Langenschwalbach mit einer Abzweigung nach Schlangenbad"* und die Erlaubnis eine Rentabilitätsberechnung zu erstellen. Die ausgearbeiteten Pläne sahen nunmehr eine normalspurige Zweiglinie vom Chausseehaus am Grauen Stein vorbei durch den Georgenborner Nonnenwald und unterhalb der Maxhütte zum Walluftal bei Schlangenbad vor.

Doch einige Monate später wurde die KED Frankfurt/M von Minister Maybach angewiesen, *„die Untersuchungen über die Abzweigung nach Schlangenbad. vorläufig einzustellen"*, da Schlangenbad eine Anbindung an die rechtsrheinische Eisenbahn in Eltville erhalten solle.

Erwähnenswert ist in diesem Zusammenhang, dass schon die Herzogliche Nassauische Staatsbahn von Eltville nach Schlangenbad und Schwalbach eine Personenbeförderung *„mittels eleganter Wagen und Pferde unter Begleitung eines Eisenbahnbediensteten"* hergestellt hatte. Hierzu waren in den beiden Taunusbädern Expeditionsstellen eingerichtet worden, die mit den Thurn & Taxis-Postagenturen vereinigt waren.

Was war der Grund für eine plötzliche Änderung des Streckenverlaufs entgegen dem erstgenannten Entwurf. Seit Mitte des 19. Jahrhunderts war Schlangenbad ebenfalls zu einem bevorzugten Badeort der deutschen und europäischen Königshäuser avanciert und diente insbesondere regierenden Fürstinnen als Kurort. Zu ihnen zählte auch die deutsche Kaiserin Augusta; sie weilte 1886 und 1889 mehrere Wochen in dem kleinen Taunuskurort.

Die Presse berichtete damals, dass diese Kehrtwendung *„auf Betreiben einer hohen, hoch betagten Besucherin Schlangenbads (gemeint ist offensichtlich Kaiserin Augusta) erfolgt sei, die befürchtete, dass dadurch ein zu starker Besucherstrom zu dem stillen Waldtal gelenkt würde".*

In der Mitte des Jahres 1885 erklärte die preußische Regierung, dass sie bereit sei, eine Bahnverbindung zwischen Wiesbaden und Langenschwalbach herzustellen und die Fortsetzung der Strecke bis Zollhaus durchzuführen. Der ausgearbeitete Plan enthielt aber immer noch den Bau einer Stichbahn vom Chausseehaus nach Schlangenbad.

Am 28. August 1887 entschied Minister Maybach, dass nach Prüfung des Projekts mit den Bauarbeiten begonnen werden könnte. Am 15. November 1889 wurde der Streckenabschnitt Wiesbaden - Schwalbach und am 1. Mai 1894 endlich auch die Aartalbahn von Schwalbach – Zollhaus dem Verkehr übergeben. Im Herbst 1894 teilte Minister von Thielen (Nachfolger vom Maybach ab 1891) der KED Frankfurt/Main mit, *„dass die Untersuchung über die Zweigstrecke nach Schlangenbad endgültig einzustellen sei"* und führte weiter aus, *„dass nunmehr Schlangenbad in Eltville einen Anschluss an die Rheingaubahn erhalten sollte".* Bei der Erteilung der Konzession im Jahre 1853 ist die nassauische Regierung davon ausgegangen, dass die Linie zu einem späteren Zeitpunkt bis nach Deutz weitergeführt werden sollte; sie förderte im Gegensatz zum preußischen Staat das Projekt einer rechtsrheinischen Uferbahn.

Die jahrelangen Bemühungen der Eisenbahninteressierten um die Weiterführung der Linie Niederlahnstein - Deutz zwischen der preußischen Regierung, der Regierung des Herzogtums Nassau sowie mit den interessierten Eisenbahngesellschaften verliefen noch ergebnislos. Schon 1844 hatte der Deutzer Bürgermeister der preußischen Regierung vorgeschlagen, man möge eine rechtsrheinische Eisenbahnverbindung von Deutz mit Anschluss an die Rheingaubahn bei Rüdesheim herstellen. So sei u.a. gewährleistet, dass durch den Bau der beabsichtigten Eisenbahnlinie nach Wesel die Festungen Mainz, Ehrenbreitstein und Köln mit den anderen Befestigungsanlagen verbunden werden könnten.

Ein Gesuch um Erteilung einer Konzession des in Neuwied gegründeten „Eisenbahnkomitees für die rechtsrheinische Eisenbahn von Deutz nach Ehrenbreitstein" wurde am 12. August 1852 von der preußischen Regierung abschlägig beschieden. Die Eisenbahnpläne der preußischen Regierung sahen ganz anders aus. Sie war einerseits der Meinung, dass eine Strecke links des Rheins ausreichend sei, andererseits wurden vorwiegend militärische Bedenken für eine rechtsrheinische Strecke vorgetragen.

Im Frühjahr 1853 erörterten in Köln die Vertreter der großen Eisenbahngesellschaften und Eisenbahninteressierten das rechtsrheinische Uferbahnprojekt. Man war der Auffassung, dass man für die Strecke Deutz - Ehrenbreitstein – Wiesbaden wohl kaum von der preußischen Regierung eine Konzession erhalten werde. Daher einigte man sich auf einen Projektentwurf, von dem man erhoffte, dass die preußische Regierung hierzu die entsprechenden Konzessionen erteilen würde; es waren die Strecken Deutz - Gießen, Köln -

Bingen - Mainz und Gießen - Ehrenbreitstein. Die preußische Regierung sprach sich für die vorgelegten Pläne positiv aus, jedoch konnte das früher vorgestellte Projekt einer rechtsrheinischen Uferbahn mit Anschluss an Rüdesheim nicht verwirklicht werden.

Die Herzogl. Landesregierung in Wiesbaden war allerdings der Ansicht, ein Faustpfand in der Hand zu halten, denn die beabsichtigten Projekte des preußischen Staates einer linksrheinischen Strecke und die Linie der Deutz-Gießener Bahn, endeten vor großherzoglich-hessischem Gebiet. Denn ohne die Zustimmung der Herzoglichen Landesregierung würden die geplanten Bahnen genau so schlecht dastehen, wie die nassauische Rheintalbahn, wenn sie nur bis Niederlahnstein gebaut werden könnte.

Doch die preußische Regierung ließ sich nicht beirren, sie erteilte am 26. Juli 1855 der Köln - Mindener Eisenbahngesellschaft die Konzession zum Bau der Deutz-Gießener Bahn, die von (Köln) Deutz über Gießen nach Frankfurt/Main führen sollte. Des Weiteren erteilte sie der Rheinischen Eisenbahngesellschaft am 5. März 1856 den Auftrag zum Bau der links-rheinischen Uferbahn von Bonn über Koblenz nach Bingen.

Durch diese verkehrspolitische Entscheidung der preußischen Regierung schien vorerst das Herzogtum Nassau von einer durchgehenden Eisenbahnverbindung abgeschnitten. Das Projekt einer Eisenbahnverbindung Deutz - Ehrenbreitstein - Wiesbaden weckte Hoffnungen bei der nassauischen Regierung. Preußen hatte die Strecke Deutz - Gießen - Frankfurt/M. durch das nassauische Amt Dillenburg projektiert und bedurfte somit der Zustimmung für den Bau der Bahn auf nassauischem Staatsgebiet. Die nassauische Regierung war durchaus bereit, die Konzession für den Bahnbau auf ihrem Staatsgebiet zu erteilen, forderte jedoch von der preußischen Seite den Weiterbau der Rheintalbahn von Ehrenbreitstein nach Deutz.

Ein Gesuch des Neuwieder Eisenbahnkomitees zum Bau der Eisenbahnstrecke Niederlahnstein nach Deutz war zuvor am 6. Januar 1854 vom Handelsministerium in Berlin abgelehnt worden. Zu diesem Zeitpunkt hätte die Bahnstrecke ohne jede staatliche Unterstützung gebaut werden können, jedoch befürchtete man erhebliche Konkurrenz für die beschlossene linksrheinische Strecke.

Nachdem die Rheingau-Strecke Wiesbaden - Rüdesheim 1857 eröffnet worden war, erklärte sich die Wiesbadener Eisenbahngesellschaft dann doch bereit, die Linie bis nach Niederlahnstein weiterzubauen. Die Gesellschaft begann unverzüglich mit den Baumaßnahmen, zumal man bereits die Trassenvermessungen durchgeführt und die Baupläne fertig vorliegen hatte. Die Finanzierung des Vorhabens durch eine französische Aktiengesellschaft schien sichergestellt zu sein, die Gesellschaft zog diese aber nach kurzer Zeit wieder zurück.

Im folgenden Jahr traten, soweit es den Bahnbau im Herzogtum Nassau betraf, wesentliche Änderungen ein. Zunächst erfolgte eine Umbenennung der „Wiesbadener Eisenbahngesellschaft" in „Nassauische Rhein-Lahn Eisenbahngesellschaft". Hierbei sei erwähnt, dass auch der Wiesbadener Eisenbahngesellschaft die Konzession für den Bau einer Eisenbahn von Oberlahnstein nach Wetzlar von der nassauischen Regierung am 31. August 1857 erteilt worden war. Anschließend wurde die Konzession für den Bahnbau Rüdesheim - Oberlahnstein und Oberlahnstein - Wetzlar für verwirkt erklärt. Der Bau beider Strecken sollte nunmehr auf Staatskosten geschehen. Entsprechende Verträge zwischen den Beteiligten über den Ankauf wurden am 12./13. Juni 1861 abgeschlossen. Am 2. Mai 1861 kam es im Herzogtum zur Gründung der Nassauischen Eisenbahn.

Die Strecke von Wiesbaden nach Rüdesheim und weiter bis Oberlahnstein konnte am 22. Februar 1862 dem Verkehr übergeben werden. Auch die Strecke der von Oberlahnstein nach Wetzlar führenden Lahnbahn wurde am 10. Januar 1863 fertig gestellt.

Nach schwierigen Verhandlungen erreichte die Nassauische Regierung, dass die preußische Regierung der Rheinischen Eisenbahngesellschaft die Konzession zum Bau einer Eisenbahnbrücke über den Rhein bei Koblenz erteilte, um eine Gleisverbindung ab Oberlahnstein mit der linksrheinischen Uferbahn Köln - Bingen zu ermöglichen. Als Gegenleistung erklärte die nassauische Regierung, dass die von der preußischen Regierung geplante Köln-Gießener Linie durch den nassauischen Kreis Dillenburg geführt werden dürfte. Die Pfaffendorfer Rheinbrücke und die Verbindung Oberlahnstein – Koblenz wurden am 3. Juni 1864 dem Verkehr übergeben.

Die Bemühungen über die Weiterführung des rechtsrheinischen Bahnbaus wurden fortgesetzt. Ein Neuwieder Komitee richtete an den preußischen König eine Bittschrift über den Weiterbau der Linie Niederlahnstein - Deutz, die jedoch abschlägig beschieden wurde.

Eine an das preußische Abgeordnetenhaus gerichtete Petition brachte Bewegung in die bisher jahrelang geführten Verhandlungen. Die preußische Regierung konnte allmählich von dem Weiterbau der rechtsrheinischen Linie überzeugt werden und erteilte 1866 der Rheinischen Eisenbahngesellschaft die Genehmigung für den Bau der Strecke Ehrenbreitstein - Siegburg. Am 27. Oktober 1869 eröffnete die Rheinische Eisenbahngesellschaft den Eisenbahnverkehr von Pfaffendorf über Engers nach Neuwied. Es folgten am 11. Juli 1870 der Streckenabschnitt bis Oberkassel und am 1. März 1871 bzw. am 15. Juli 1871 von Oberkassel nach Troisdorf.

Eine Schmalspurbahn entsteht

Der Bahnanschluss zum Ort Langenschwalbach, der seit dem 18. Jahrhundert als exklusives Luxusbad des europäischen Adels bekannt geworden war und später auch dem zahlungskräftigen Bürgertum zur Verfügung stand, brachte dem Badeort erhebliche Vorteile. Bereits 1891 hatte der Magistrat der Stadt Eltville das Projekt einer normalspurigen Eisenbahnstrecke Eltville - Schlangenbad - Schwalbach - Zollhaus erörtert. Auch die Gemeinde Schlangenbad und die für das Bad verantwortliche Domänenverwaltung waren um einen Bahnanschluss bemüht und sahen eine derartige Verbindung als lebenswichtig für den aufstrebenden Kurort an.

Durch das vom preußischen Staat am 28. Juni 1892 erlassene Gesetz über die Kleinbahnen und Privatanschlussbahnen sah man eine Möglichkeit, das beabsichtigte Eisenbahnprojekt zu verwirklichen. Um die Jahrhundertwende gab es immer noch Kommunen und Interessenverbände, die einen Anschluss an das sich ausdehnende Eisenbahnnetz suchten, um am wirtschaftlichen Aufschwung teilzunehmen.

Der Eltviller Bürgermeister erläuterte 1893 auf einer Gemeinderatssitzung das Projekt zum Bau einer Kleinbahn von Eltville nach Schlangenbad unter Benutzung der Provinzial- bzw. Gemeindestraßen mit einer möglichen Weiterführung nach Langenschwalbach.

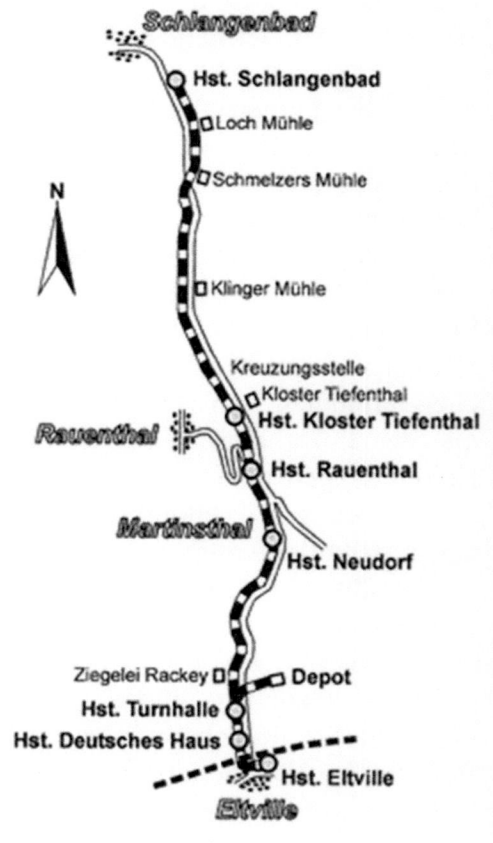

Von Chausseehaus war eine Abzweigstrecke der Aartalbahn über Georgenborn nach Schlangenbad geplant worden

Zeichnung: S. Skrandies

Hier sei das Kleinbahngesetz von wesentlicher Bedeutung, nach dem als Eigentümer neben den Kreisen, Städten und Gemeinden auch Kapitalgesellschaften auftreten konnten, während sich der Staat überwiegend auf die Gewährung von Beihilfen zu beschränken hatte.

Wie zuvor erwähnt, hatte bereits 1894 der Minister für öffentlichen Arbeiten, von Thielen, der KED Frankfurt/Main mitgeteilt, dass die von der Aartalbahn abzweigende Strecke von Chausseehaus nach Schlangenbad nicht gebaut würde und der Badeort Schlangenbad einen Anschluss an die Rheingaubahn in Eltville erhalten sollte.

Wie bei vielen anderen Eisenbahnprojekten in Deutschland bildeten zunächst die betreffenden Gemeinden Eltville, Neudorf, Rauenthal und Schlangenbad eine Interessenvertretung, um endlich eine Bahnverbindung nach Schlangenbad zu erhalten. Schon vorab unterstützte der Landrat des Kreises, Wagner, die Bürgermeister der anliegenden Gemeinden bei diesem Vorhaben, um sowohl bei den Gemeindemitgliedern als auch bei der Bevölkerung die Zustimmung für ein derartiges Projekt zu erhalten.
Schließlich wurde das beabsichtigte Projekt auch im Kreistag erörtert und eine Eisenbahnkommission gewählt. Dieser Ausschuss hatte zunächst eine Vorprüfung der projektierten Eisenbahnlinie durchzuführen. Die entscheidende Frage stellte sich schon gleich zu Beginn der Beratungen: Sollte der Kreis bzw. die Gemeinde oder eine Kapitalgesellschaft der Erbauer und Betreiber der Bahn sein. Die betreffenden Gemeinden hatten aber vorher schon signalisiert, dass sie finanziell nicht in der Lage seien, eine solche Bahn herzustellen und zu betreiben.
Bald nahm der Kreis bzw. die Eisenbahnkommission mit verschiedenen Eisenbahnunternehmen Kontakt auf. Sowohl der Bochumer Verein als auch Regierungsbaumeister Küchler boten ihre Hilfe beim Bau der beabsichtigten Bahn an. Ergänzend verhandelte auch der Eltviller Bürgermeister Schütz mit Firmen, die sich mit dem Bau und Betrieb von Kleinbahnen befassten. Man fand schließlich in der Allgemeinen Deutschen Kleinbahn-Gesellschaft (ADKG) in Berlin ein Unternehmen, das bereit war, das Bahnprojekt zu prüfen und sich den Wünschen der Gemeinden anzunehmen.

Diese 1893 gegründete ADKG, die über Kapital zum Bau und Betrieb von Kleinbahnen verfügte und nicht auf die Hilfe des Staates oder Hessens angewiesen war, hoffte, durch den Bau und Betrieb dieser

Bahn ein gewinnbringendes Geschäft machen zu können.

Die während des Jahres 1893 weitergeführten Verhandlungen mit der Eisenbahnkommission, den Bürgermeistern der einzelnen Gemeinden, der Kgl. Bäderverwaltung, den Kgl. Landräten des Untertaunus- und des Rheingau-kreises sowie mit der Kgl. Preußischen Eisenbahndirektion Frankfurt/Main führten schließlich zu dem Ergebnis, dass die ADKG sich aufgrund des ausgehandelten Vertrages gegenüber dem Kreistag bereit erklärte, die Kleinbahn zu bauen. Vonseiten des Kreises war man selbst nicht bereit, die Bahn zu erstellen und zu betreiben.
Bereits am 29. September 1893 konnte zwischen der ADKG als Eigentümer und dem Berliner Unternehmer Philipp Balke als Pächter ein Vertrag über die Ausführung des Baus einer Kleinbahn von Eltville nach Schlangenbad abgeschlossen werden. Der beabsichtigte Bahnbau kam unter der Voraussetzung zustande, dass Balke für die Dauer von 15 Jahren der ADKG eine Roheinnahme von 67.000 M jährlich garantierte. Ergänzend wurde bei den Vertragsverhandlungen auch ein Betriebsführungsvertrag zwischen den Parteien mit einbezogen.
Die Gemeinden Eltville, Neudorf, Rauenthal, Schlangenbad und acht

Interessenten übernahmen für die ersten 12 Jahre eine Garantie derart, dass sie sich verpflichteten, für rd. 1/3 des Fehlbetrages an 67.000 M aufzukommen. Für die ersten fünf Betriebsjahre wären bis 1900 rund 8.000 M, für die weiteren vier Jahre bis 1904 höchstens 6.000 M und für die letzten drei Betriebsjahre bis 1907 höchstens 4.000 M erforderlich gewesen. Die Anliegergemeinden verlangten u.a., dass täglich mindestens zwei Zugpaare verkehren sollten.

Die ADKG hatte bei den Verhandlungen eine schmalspurige Kleinbahn mit einer Spurweite von 1000 mm vom Bhf. Eltville bis vor den Ortsrand von Schlangenbad vorgeschlagen. Den Vorteil einer derartigen Bahn sah man im geringen Anlagekapital in Verbindung mit einer einfachen Bauweise. Da man einen regen Personenverkehr erhoffte, der Güterverkehr aber nur in bescheidenem Umfang zu erwarten war, schlug die ADKG vor, das Gleis hauptsächlich auf öffentlichen Straßen von Eltville nach Schlangenbad zu verlegen. Nach einer Kostenschätzung sollten für Fahrzeuge, Wagen, Bahnanlagen und Grundstücke insgesamt rund 400.000 M aufgebracht werden. Die Gemeinde Neudorf war nach wie vor gegen den Bau der Kleinbahn. Sie befürchtete, *„dass die Kleinbahn* *nicht nur die enge Dorfstraße belasten, sondern auch die Kurgäste den Ort durchfahren würden, ohne dort einzukehren".*

Schon zuvor hatte der Kgl. Regierungspräsident die Aufnahme technischer Vorarbeiten erlaubt, mit den Vermessungsarbeiten wurde unverzüglich begonnen. Im Jahr 1894 beantragte die ADKG nach Abschluss der Vorarbeiten beim Kgl. Regierungspräsidenten zu Wiesbaden die Erlaubnis zum Bau und Betrieb einer Kleinbahn von Eltville und Schlangenbad. Da das Gleis von Eltville in Richtung Schlangenbad überwiegend in Seitenlage der Provinzialstraße entlangführen sollte, hatte die ADKG mit der zuständigen Straßenbauverwaltung einen gesonderten gebührenpflichtigen Straßennutzungsvertrag abgeschlossen. Außerdem war zwischen dem Eisenbahnamt Wiesbaden bzw. der Eisenbahndirektion Frankfurt/Main und der ADKG die Einführung der Kleinbahn in den Staatsbahnhof Eltville nebst Umladegleis vertraglich geregelt worden.

Nach eingehender Prüfung der vorgelegten Unterlagen und des Entwurfs der ADKG genehmigte der Kgl. Regierungspräsident zu Wiesbaden am 31. Januar 1895 den Bau und Betrieb einer nebenbahnähnlichen Kleinbahn (veröffentlicht im Amtsblatt der Kgl. Regierung zu Wiesbaden 1895) wie folgt:

Genehmigungsurkunde

Zur Herstellung und Betrieb einer Kleinbahn von Eltville nach Schlangenbad für die Beförderung von Personen und Gütern mittelst Dampfkraft wird die Allgemeine Deutsche Kleinbahngesellschaft, zu Berlin auf Grund des Gesetzes über Kleinbahnen und Privatanschlussbahnen, vom 28. Juli 1892 im Einvernehmen mit dem von dem Herrn Minister für öffentliche Arbeiten bezeichneten Kgl. Eisenbahnbetriebsamtes zu Wiesbaden, vorbehaltlich der Rechte dritter, auf die Zeitdauer von 50 Jahren unter nachstehenden Bedingungen hierdurch die Genehmigung erteilt.
pp.
Wiesbaden, den 31. Jan. 1895
Der Kgl. Regierungspräsident
J.V. Freiherr v. Reiswitz

Als Zweck für den Bau und Betrieb der Kleinbahn wurde ausgeführt: Anschluss des Bade- und Kurortes Schlangenbad an die Staatsbahnstation Eltville.

Klb.-Zug bei der Haltestelle „Deutsches Haus" in Eltville *Sammlung: Paul Scharhag*

38 Jahre Schmalspurbahnbetrieb

Die ersten Betriebsjahre

Die Verkehrsgeschichte der Kleinbahn Eltville-Schlangenbad wäre eigentlich schnell geschrieben, diente sie doch im Wesentlichen dem Personenverkehr.

Nach Erteilung der Genehmigungsurkunde wurde unverzüglich mit den Bauarbeiten begonnen, umfangreiche Erdbewegungen waren nicht erforderlich. Denn eine in der Genehmigungsurkunde enthaltene Bestimmung besagte, „dass die Vollendung und Inbetriebnahme innerhalb von sechs Monaten nach der Veröffentlichung dieser Urkunde zu erfolgen habe".

Die Stadt Eltville stellte einige Grundstücke für den Bau der Betriebsanlagen zur Verfügung. Die

Gleise mit einer Spurweite von 1000 mm sind fast auf der ganzen Strecke in Seitenlage der Straße verlegt worden. Gleichzeitig wurden in Eltville u.a. der Lokschuppen, die Wagenhalle mit einer Werkstatt und das kleine Bahnhofsgebäude in Schlangenbad errichtet.

Nach einer Bauzeit von rund fünf Monaten konnten schon vor der offiziellen Eröffnung erste Probefahrten zwischen Eltville und Schlangenbad durchgeführt werden.

Die örtliche Zeitung berichtete hierzu, *„dass schon vor der Eröffnung Ärgernisse auftraten, als vor der behördlichen Genehmigung Probefahrten stattfanden, bei denen auch Publikum mitgenommen wurde. Den Zorn des aufsichtsführenden Regierungspräsidenten erregte insbesondere die Tatsache, dass eine preußische Amtsperson, ein Gendarm, als Teilnehmer aufgetreten war. Für den Wiederholungsfall wurde die Unbrauchbarmachung der Lokomotiven angedroht“.*

Kleinbahn, Eltville-Schlangenbad.

Betriebs-Eröffnung für Personenbeförderung einschl. Reisegepäck am 21. Juni 1895.

Sommer-Fahrplan.

Stationen.	km	1	3	5	7	9	23	11	25	13	27	15	29	17	31	19	21
Eltville . . . . ab	0,0	4:51	6:14	7:30	9:16	10:58	12:45	1:32	2:16	3:12	3:37	4:50	5:37	6:28	7:14	8:00	9:22
Neudorf . . . . „	3,3	5:00	6:29	8:05	9:31	11:13	1:00	1:47	2:31	3:27	4:12	5:05	5:52	6:43	7:29	8:15	9:37
Rauenthal . . . „	3,7	5:06	6:32	8:08	9:34	11:16	1:03	1:50	2:34	3:30	4:15	5:08	5:55	6:46	7:32	8:18	9:40
Kloster Tiefenthal „	4,5	5:12	6:35	8:11	9:37	11:19	1:06	1:53	2:37	3:33	4:18	5:11	5:58	6:49	7:35	8:21	9:43
Schlangenbad . an	7,8	5:26	6:49	8:25	9:51	11:33	1:20	2:07	2:51	3:47	4:32	5:25		6:21	7:03		9:57

Stationen.	km	2	4	6	8	10	24	12	26	14	28	16	30	18	32	20	22
Schlangenbad . . ab	0,0	5:22	7:00	8:33	9:57	11:42	1:33	2:17	3:13	3:58	4:51	5:38	6:22	7:15	8:01	8:40	10:02
Kloster Tiefenthal „	3,3	5:42	7:14	8:47	10:11	11:56	1:47	2:31	3:27	4:12	5:05	5:52	6:42	7:29	8:15	8:54	10:16
Rauenthal . . . „	4,1	5:45	7:17	8:50	10:14	11:59	1:50	2:34	3:30	4:15	5:08	5:55	6:45	7:32	8:18	8:57	10:19
Neudorf . . . . „	4,5	5:48	7:20	8:53	10:17	12:02	1:53	2:37	3:33	4:18	5:11	5:58	6:48	7:35	8:21	9:00	10:22
Eltville . . . . an	7,8	6:04	7:35	9:08	10:32	12:17	2:08	2:52	3:48	4:33	5:26		7:04		9:15		10:37

Die Nachtzeiten von 6:22 abends bis 5:52 morgens sind durch Unterstreichen der Minutenziffern gekennzeichnet.
Die Züge Nr. 1 und 2 fallen an Sonn- und Feiertagen aus. Die Züge Nr. 23 bis 32 verkehren nur an Sonn- und Feiertagen bei günstiger Witterung.

Tarif für die Personenbeförderung.

	Einfacher Fahrschein		Rück-Fahrschein	
	III Klasse Mk.	II Klasse Mk.	III Klasse Mk.	II Klasse Mk.
Eltville-Neudorf bezw. Ausweiche Tiefenthal-Schlangenbad oder umgekehrt .	0,25	0,50	0,45	0,90
Eltville-Ausweiche Tiefenthal bezw. Neudorf-Schlangenbad oder umgekehrt .	0,30	0,60	0,50	1,00
Eltville-Schlangenbad oder umgekehrt .	0,50	1,00	0,80	1,60

Tarif für Reisegepäck und Stückgüter.

	Reise-Gepäck Mk.	Stück-Güter Mk.
Das Stück je 25 kg für die ganze Strecke	0,25	0,15
Für die Teilstrecke Eltville-Ausweiche Tiefenthal bezw. Neudorf-Schlangenbad oder umgekehrt	0,15	0,10
Das Stück und je 25 kg von der Staatsbahn zu übernehmen oder an die Staatsbahn abzuliefern, als Zuschlag	0,10	0,10

Entgegen der in der Literatur genannten Betriebseröffnung am 1. Juli 1895 weist dieser Sommerfahrplan aus, dass der Betrieb am 21. Juni 1895 eröffnet worden ist

Am 19. Juni 1895 erfolge die landespolizeiliche und eisenbahn-technische Abnahme der Fahrzeuge und Betriebsanlagen. Laut Zeitungsbericht vom 20. Juni 1895 wurde über dieses Ereignis folgendes berichtet: *„Am gestrigen Tage fand die polizeiliche Abnahme der Bahnstrecke Eltville - Schlangenbad durch den Herrn Regierungspräsidenten, den Herrn Landrat Wagner, Herrn Kurkommissar Oberst von Ihlenfeld, den Magistrat der Stadt Eltville und die Stadtverordneten von hier und die Gemeindebehörden von Schlangenbad statt. Mit dem heutigen Tage wird der Betrieb der Bahn für die Beförderung von Personen und Güter eröffnet. Es verkehren in beiden Richtungen an Werktagen je 11, an Sonn- und Feiertagen je 15 Züge. Die Fahrzeit für die 7,8 km lange Strecke beträgt 35 Minuten."*

Nach den Tarifen für die Personenbeförderung betrug die einfache Fahrt von Eltville - Schlangenbad in der III. Klasse 0,50 M und in der II. Klasse 1,00 M. Von der Gesamtstrecke waren an Schienen 7,25 km auf öffentlichem Grund (Straße) und 0,40 km auf eigenem Grund (Bahnkörper) verlegt worden, die Gesamtgleis-länge betrug 8,94 km. Schon kurze Zeit nach den ersten Betriebstagen erschien in den Lokal-Nachrichten

vom 2. Juli 1895 folgenden Notiz: *„Der Verkehr der Kleinbahn Eltville – Schlangenbad wird, nachdem die die Betriebsstörung verursachenden Hindernisse beseitigt sind, am Mittwoch den 3. Juli wieder fahrplanmäßig aufgenommen werden. Am Samstag arbeiteten auf der ganzen Bahnstrecke Eltville – Schlangenbad 200 Mann. Der Bahnkörper wurde insofern verbessert, als von 10 zu 10 Metern die eisernen Längsschwellen durch je ein Paar hölzerne Querschwellen verbunden wurden. Auch der übrige Bahnkörper wurde durch Unterstopfen von Bruchsteinen verstärkt."* Es ist sehr wahrscheinlich, dass es in den ersten Betriebstagen zu häufigen Entgleisungen gekommen ist, so dass die Nachbesserungen erforderlich waren.

Bei Betriebseröffnung standen drei zweiachsige Tramway-Lokomotiven von der Fa. Henschel & Sohn in Kassel sowie sechs vierachsige Personenwagen, zwei zweiachsige und zwei vierachsige gedeckte Güterwagen von der Waggonfabrik AG, vorm. P. Herbrand in Köln-Ehrenfeld zur Verfügung. Im Jahre 1899 hat die ADKG noch zwei weitere baugleiche Dampfstraßen-bahnlokomotiven des gleichen Herstellers und vier vierachsige Personenwagen von der Fa. Herbrand beschafft.

Die Ausführungskosten für den Grundstückseinkauf, den Bau der Bahn und die Beschaffung der Fahrzeuge wurden mit 451.892 M beziffert, das sind rund 62.000 M pro km. Sämtliche Kosten sind von der ADKG aufgebracht worden.

Mit großen Erwartungen wurde der Personenverkehr aufgenommen und man hoffte, dass insbesondere die Kurgäste die Kleinbahn in Anspruch nehmen würden. In der Eisenbahneuphorie hatte man dabei wohl übersehen, dass der Kurort Schlangenbad kurz vor Ende des 19. Jh. von den Kursuchenden nicht so besucht wurde wie erhofft. Schlangenbad selbst war damals ein kleiner Ort mit einigen Hotels, Pensionen und einem bescheidenen Badehaus. Einige Jahre später haben nach einer Aufzeichnung des Taunusführers (1905) nur rund 2000 Gäste jährlich eine Kur in Schlangenbad durchgeführt. Die Zahlen der anreisenden Kurgäste waren sicherlich im Laufe der Jahre gestiegen, jedoch blieben sie weit unter den Erwartungen. Stetig zunehmend waren die Beförderungszahlen beim Ausflugs-verkehr. Das Weinanbaugebiet im Raum Eltville, Neudorf/Martinsthal

Straßenbahndampflokomotive Nr. 2 mit Sommerwagen und Personenwagen

Foto: Sammlung Paul Scharhag

und Rauenthal waren durch die hervorragenden Weine über das Rheingaugebiet hinaus bekannt, aber auch die herrlichen Landschaften und Wälder des Taunusgebirges wurden durch den Fremdenverkehr belebt. Nur so sind die Beförderungsleistungen im Personenverkehr zu erklären, sie vervielfachten sich gleich zu Beginn des ersten Betriebsjahres auf über 100 000 Fahrgäste.

So ist Zeitungsberichten vom 15. Juli und 26. Juli 1895 zu entnehmen, dass der Verkehr der Schlangenbader Bahn wieder überaus stark war. Die Direktion habe außer den fahrplanmäßigen und den Sonntagszügen noch zwei weitere Sonderzüge in jeder Richtung eingerichtet. Selbst an Werktagen waren die Züge oft dicht besetzt, während an Sonn- und Feiertagen bei gutem Wetter die Bahn kaum im Stande war, den Verkehr zu bewältigen. Insbesondere mussten für Vereine und Gesellschaften öfters Sonderzüge eingesetzt werden. An manchen Tagen wurden die gesamten Betriebsmittel eingesetzt und sehr häufig drei Züge hintereinander fuhren.

Zwar erfüllte die Kleinbahn in ihrem Bereich für viele einheimische Fahrgäste einen Zubringerdienst zum Bhf. Eltville zur Weiterfahrt in Richtung Wiesbaden bzw. Rüdesheim oder sie benutzten die Bahn auf dem Weg zu ihren Arbeitsplätzen. Es mögen noch viele andere Gründe dafür verantwortlich gewesen sein, dass trotz enormer Beförderungsleistungen im Personenverkehr gewisse Anlaufschwierigkeiten zu verzeichnen waren. Eine der häufigen Beschwerden war, dass die Staatsbahn sich nicht bereit erklärt hatte, die Schnellzüge im Bhf. Eltville halten zu lassen, um den Kurgästen und Touristen die Anreise zu erleichtern.

Bis etwa 1910 waren lt. Fahrplan werktäglich 6 bis 8 Zugpaare (Zp), an Sonntagen und Feiertagen 10 - 12 Zp und mehr (bis zu 14 Zp) eingesetzt. In den Wintermonaten waren es lediglich 6 Zugpaare. Zu besonderen Anlässen wurden Sonderzüge bereitgestellt. In den folgenden Jahren änderte sich die Anzahl der eingesetzten Züge mehrfach. Bei Schnee, Glatteis oder ungünstiger Witterung verkehrten die Züge nicht.

Kleinbahnprojekte im Rheingau

Man kommt nicht umhin, in einer Kurzfassung auch die anderen beabsichtigten Lokalbahn- bzw. Straßenbahnprojekte im Rheingau zu erwähnen. Die Dampfstraßenbahn Eltville - Schlangenbad hatte gerade unter erheblichen Schwierigkeiten den Bahnbetrieb aufgenommen, als schon ein paar

Monate später das erste Bahnprojekt im Rheingau erörtert wurde. Anlass war, dass die Gemeinden entlang des Rheins einen verbesserten Nachbarortsverkehr forderten.

Mit Schreiben vom 30. Oktober 1895 unterrichtete die Fa. Siemens & Halske die Anliegergemeinden über das beabsichtigte Projekt einer elektrischen Straßenbahn von Assmannshausen über Rüdesheim und Bieberich nach Kastel. Scheinbar war das Vorhaben für die Firma doch nicht erfolgversprechend, so dass im März 1896 die Deutsche Gasbahn-Gesellschaft Dessau den Plan einer mit Gasmotoren zu betreibenden Straßenbahn von Rüdesheim über Schierstein nach Kastel mit einem Abzweig nach Wiesbaden (Luisenplatz) den interessierten Gemeinden vorlegte. Eine Einigung der betreffenden Gemeinden über den Bau und Betrieb einer derartigen Bahn konnte nicht herbeigeführt werden. Für die Rheingemeinden stand vielmehr die Einführung der elektrischen Kraft- und Lichtversorgung im Vordergrund.

Der Rheingauer Bürgerfreund vom 3. Januar 1897 berichtete schließlich, dass „*die Dessauer Gasbahn-Gesellschaft ihr Projekt, eine Straßenbahn von Kastel-Wiesbaden nach Rüdesheim, aufgegeben hat*".

Aber andere Unternehmen ließen nicht lange auf sich warten. So teilte die Union Elektrizitäts-Gesellschaft am 8. Mai 1896 dem Schiersteiner Bürgermeister mit, dass sich die Gesellschaft mit der Projektierung einer elektrischen Straßenbahn im Rheingau befasse und der Anschluss Schiersteins an Wiesbaden über Dotzheim führen sollte. Seitens der Gemeinde Schierstein war man aber nicht mit diesem Vorschlag einverstanden, so dass die Gesellschaft den Anliegergemeinden eine Verbindung zwischen Schierstein und Wiesbaden vorschlagen wollte.
Aber auch die Allgemeine Elektrizitäts-Gesellschaft (AEG) ließ erkennen, dass sie an einem derartigen Straßenbahnprojekt interessiert sei. Zunächst konnten unter der Mitwirkung des Landrats die Gemeinden mit der AEG entsprechende Verträge abschließen, die die Einführung einer elektrischen Beleuchtung aller in Betracht kommenden Gemeinden von einer Zentralstelle aus vorsahen.

Allerdings erschien am 17. Februar 1897 im Rheingauer Bürgerfreund folgender Artikel, der berichtete, „*dass die Vorarbeiten für die elektrische Bahn Mainz - Wiesbaden - Eltville bereits im vollem Gange sind und mit einem Eifer betrieben würde, aus welchem sich erkennen lässt, dass die Süddeutsche*

Eisenbahn-Gesellschaft (SEG) ein großes Interesse an der baldigen Herstellung der neuen Bahnverbindung hat".

Nach der Fertigstellung der elektrischen Anlagen durch die AEG konnten in den folgenden Jahren ab 1898 erneut Verträge über den Bau einer Kleinbahn Wiesbaden - Rüdesheim zum Abschluß vorbereitet werden, in dem die Gemeinden der Gesellschaft die Verlegung der Gleise auf ihren Wegen und Straßen gestatteten. Die Bahn sollte im Interesse der Bevölkerung die Verbindung mit Wiesbaden herstellen. Weiter war beabsichtigt, eine von Schierstein abzweigende Linie nach Biebrich und evtl. nach Kastel – Mainz zu führen.

Auftretende Unstimmigkeiten und Querelen zwischen den Interessen der AEG und SEG verzögerten immer wieder den Abschluss von Verträgen mit den Gemeinden über den Bau einer elektrischen Straßenbahn von Wiesbaden nach Rüdesheim.
Am 9. Januar 1898 berichtete der Rheingauer Beobachter, *„dass die SEG nunmehr der Verwaltung in Mainz die Pläne vorgelegt und für die von der Gesellschaft zu erbauende Bahn ins Rheingau bis Eltville mit Anschluss an die von dort nach Schlangenbad via Neudorf*

führende Kleinbahn unterbreitet habe".

Interessant ist ein am 13. März 1898 erschienener Artikel im Rheingau Beobachter, in dem über eine Plenarsitzung der Handelskammer Wiesbaden berichtet wird. Die Zeitungsnotiz wird teilweise wiedergegeben:
„Die auf Wunsch des Magistrats von Eltville veranstalteten Erhebungen über das Bedürfnis nach der Fortsetzung der Kleinbahn Eltville – Schlangenbad nach Schwalbach haben ergeben, dass ein Interesse in dieser Linie vorwiegend in Eltville, Rauenthal und Schwalbach besteht. Eltville hat durch den Ausbau der Linie Wiesbaden – Langenschwalbach – Diez Schaden erlitten, da es den früheren starken Fremdenverkehr nach und von Langenschwalbach vollständig verloren hat und ihn auch bisher nicht wiedergewinnen konnte. Rauenthal erhoffte einen stärkeren Fremdenverkehr von Langenschwalbach und dem Lahntal. Schwalbach hat ein Interesse, für seine Badegäste die Ausflüge nach Schlangenbad und dem Rheingau zu erleichtern. Auch Schlangenbad steht dem Projekt günstig gegenüber, verspricht sich aber keine Vorteile. Finanzielle Zubußen für die Bahn lehnten bisher Rauenthal und Schlangenbad ab. Seitens kleiner Gemeinden und auch

der Handelskammer wird das Bedürfnis für die Linie als gering veranschlagt und eine Rentabilität nicht erwartet".

Ein derartiges Projekt wäre aufgrund der schwierigen Geländeverhältnisse mit erheblichen hohen Baukosten und der Beschaffung stärkerer Lokomotiven verbunden gewesen.

Alle in der Zeit von 1895 – 1902 vorgeschlagenen Projekte zum Bau einer elektrischen Straßenbahn wurden aus vielerlei Gründen nicht verwirklicht, lag es nun an den Einsprüchen der Kaiserlichen Postverwaltung wegen der Verlegung der Telegrafenleitungen oder der Eisenbahnverwaltung hinsichtlich der geplanten Kreuzung Straßen-/Eisenbahngleis bei Rüdesheim.

In der Zeit von 1900 bis 1914 fand in vielen Städten Deutschlands die Umwandlung der Dampfstraßen-bahnen in elektrische Straßenbahnen statt.
Im Jahre 1911 bemühte sich erneut die Stadt Eltville, eine Straßenbahn-verbindung mit Anschluss an die Kleinbahn Schlangenbad – Eltville über Walluf nach Schierstein zu erhalten, jedoch verweigerte der Bürgermeister von Schierstein hierzu die Zustimmung; er wollte lediglich für eine Verbindung Wiesbaden – Schierstein votieren.

In der Zeitschrift für Kleinbahnen (Jg. 1912) wird folgendes ausgeführt: *„Die Kleinbahn Eltville – Schlangenbad, die für elektrischen Betrieb eingerichtet werden wird, soll durch eine schmalspurige, elektrisch für Personen- und Reisegepäckverkehr zu betreibende Linie von Eltville nach Schierstein mit dem Straßenbahnunternehmen der Süddeutschen Eisenbahn-gesellschaft in und bei Wiesbaden zusammengeschlossen werden".*

Auch hier wurde wie bei den anderen Plänen immer wieder darauf hingewiesen, dass ein Gleisanschluss an die Klb. Eltville – Schlangenbad möglich sei. Von einer derartigen Anbindung versprach man sich insbesondere eine schnellere Verkehrsbedienung in Richtung Schlangenbad und eine Senkung der Betriebskosten. Schon 1907/08 hatte man auf einer 1,5 km langen Strecke ein stärkeres Gleis verlegt und die Schienenstöße mit Kupferkabeln überbrückt.
Das Projekt wurde von der Fa. Felten & Guilleaume-Lahmeyer-werke in Frankfurt/Main vorgestellt und sah die Herstellung einer elektrischen schmalspurigen Kleinbahn für den Personen- und Stückgutverkehr vor. Die Linie sollte in Schierstein mit dem Straßenbahnunternehmen der Süddeutschen Eisenbahngesellschaft in und bei Wiesbaden zusammen-

geschlossen werden. Die Strecke war als Rheinuferbahn geplant und sollte von Niederwalluf bis Eltville entlang des Rhein-Leinpfades führen. Bei der am 19. Mai 1913 in Wiesbaden stattgefundenen Verhandlung sprachen sich die Gemeinden Eltville und Niederwalluf sowie die Villenbesitzer am Rhein gegen diesen Plan aus. Eine Streckenführung über die Landstraße war nicht möglich. Im Jahre 1920 wurde das Projekt nicht mehr weiter verfolgt.

Die Zeit vor und nach dem Ersten Weltkrieg

Nach diesem kleinen Exkurs zurück zu den Begebenheiten der Kleinbahn Eltville – Schlangenbad. Schon nach einigen Betriebsjahren konnte die ADKG erreichen, dass ohne eine rechtliche Änderung der Genehmigungsurkunde, aber mit dem Einverständnis des Kgl. Regierungspräsidenten zu Wiesbaden vom 15. März 1899, die Kleinbahn in der bisherigen Rechtsform nicht mehr gegeben sei und damit eine Umwandlung in einen „Straßenbahnbetrieb" erfolgen könne. In einem 1908 erschienenen Kompendium wurde die Bahn tatsächlich als Straßenbahn für Personen-, Stückgut- und Wagenladungsverkehr bezeichnet. In späteren Erlassen und Verfügungen sowie u.a. bei den

ergangenen Polizeiverordnungen verblieb es jedoch bei der Bezeichnung Kleinbahn Eltville – Schlangenbad. Erst bei Übernahme der Kleinbahn durch die Stadt Eltville im Jahre 1927 wurde in der Genehmigungsurkunde von einer Straßenbahn Eltville – Schlangenbad gesprochen.

Am 31. Dezember 1899 wurde der Pachtvertrag mit dem Unternehmer Philipp Balke aufgehoben. Die ADKG teilte den Anliegergemeinden mit, dass sie als Alleininhaber die in den Vorjahren aufgetretenen Beanstandungen der Durchführung des Bahnbetriebes abändern würden. Zunächst übernahm am 28. April 1900 der Eisenbahn-Betriebsinspektor Karl Stüßer die Betriebsführung der Bahn. Stüßer war zuvor als Betriebsleiter bei der Nassauischen Kleinbahn eingesetzt gewesen. Außerdem wurde die bisherige Polizeiverordnung vom 23. Mai 1896 außer Kraft gesetzt und am 28. April 1900 eine neue Verordnung erlassen.

Trotz des von den Anliegergemeinden geleisteten jährlichen Zuschusses hatte die Kleinbahngesellschaft bis 1901 Verluste zu beklagen. Aufgrund der erwähnten Garantiezusagen haben die Gemeinden u.a. im Jahre 1900 folgende Zuschüsse geleistet: Eltville rund 2.933 M, Schlangenbad

2.908 M, Rauenthal 727 M und Neudorf rund 363 M.

Im Jahr 1902 war die Bilanz einschließlich der Zuschüsse ausgeglichen, ab 1903 leistete die Stadt Eltville noch einen Zuschuss von 2.400 M. Die erwirtschaften Einkünfte der Bahn einschließlich der Zuschüsse waren so hoch, dass u.a. das Anlagekapital von 451.892 M mit 2 % verzinst werden konnte. Bis 1907 erreichten die bisher geleisteten Garantiesummen einen Betrag von 25.000 Goldmark. Als im Jahre 1907 die Zuschüsse der Anliegergemeinden entfielen, sah die Prognose über die weitere Entwicklung der Bahn nicht rosig aus.

Am 18. Februar 1903 wurde durch den Kgl. Regierungspräsidenten zu Wiesbaden mit Verfügung näher geregelt, dass auch für die Kleinbahn Eltville – Schlangenbad die Verpflichtung zur Transportbeförderung im Mobilmachungsfalle bestand.
Erste Veränderungen im Fahrzeugbestand waren 1903 zu verzeichnen, ein vierachsiger Personenwagen (Sommerwagen) und ein zweiachsiger Güterwagen wurden an die Nassauische Kleinbahn verkauft. Im Jahre 1904 wurden zwei vierachsige gedeckte Güterwagen mit einem Ladegewicht von 7,5 t verkauft und anschließend

von der Fa. Herbrand durch zwei vierachsige OO-Wagen und ein vierachsiger GG-Wagen sowie einen Spezialwagen (unbekannter Gattung) ergänzt. Der Wagenbestand belief sich nunmehr auf neun Personenwagen und sechs Güterwagen.

Anfang 1905 bemühte sich die ADKG, die seit 1899 als Straßenbahn betriebene Bahn wieder in eine Kleinbahn umzuwandeln. Zur Begründung führte die Gesellschaft mit ihrer Eingabe an den Kgl. Regierungspräsidenten an, dass im Jahre 1904 in etwa 13 % der Gesamteinnahmen auf den Güterverkehr entfallen seien. Das Gesuch wurde vom Kgl. Regierungspräsidenten abgelehnt.

Mit Ablauf des Jahres 1907 haben die Anliegergemeinden die bisherigen Garantiezahlungen eingestellt und danach auch nicht mehr geleistet. Die ADKG stellte folglich entsprechende Anträge auf Gewährung von staatlichen Beihilfen zur Aufrechterhaltung des weiteren Betriebs und auf die Ausdehnung der Konzession für die Straßenbenutzung von 50 auf 90 Jahre. Beide Anträge wurden vom Landeshauptmann in Wiesbaden abgelehnt.

Die ADKG versuchte nunmehr, die Kleinbahn an die Anliegergemeinden zu verkaufen oder diese an einer neu zu konstituierenden Bahngesellschaft mit beschränkter Haftung zu beteiligen. Aber die betroffenen Gemeinden winkten ab, sie zeigten nicht mehr das geringste Interesse am Fortbestand der Kleinbahn.

Nach diesem Fehlschlag zeigte die ADKG auch kein allzu großes Interesse mehr an der Kleinbahn. Erforderliche und dringende Arbeiten an der Strecke, Reparaturen der Betriebsmittel und Ausbesserungen an den Gebäuden wurden mangels geringer Überschüsse nicht oder nur zögerlich durchgeführt. Die immer wieder vorgetragenen Klagen der Fahrgäste hinsichtlich verdreckter Personenwagen, der Bahnanlagen, der nicht zügigen Verkehrs-abwicklung und verpasster Anschlusszüge in Eltville stimmten die Bahngesellschaft nicht um.

Schon 1906 wurde probeweise ein Autobusverkehr von Wiesbaden nach Schlangenbad eingerichtet, der aber nach kurzer Zeit wieder eingestellt wurde.

In dem von der Badeverwaltung Schlangenbad für 1907 heraus-gegebenen Jahresbericht wird ausgeführt: *„Der Verkehr auf der Kleinbahn war in der vergangenen Saison schlechter und unregelmäßiger denn je".*

Die Betriebsleitung reagierte auf derartige Beschwerden gelassen: *„Wir haben es abgelehnt, in die Abendzüge einen 2. Wagen einzustellen, da hierzu ein Bedürfnis nicht vorliegt und das heutige wirtschaftliche Ergebnis der Kleinbahn es verbietet, ohne Bedarf unnütz Wagen mitzuschleppen".* Weiter wurde ausgeführt, dass der Frühzug lediglich mit 3–8 Reisenden besetzt sei.

Einstellung des Bahnbetriebs und neuer Eigentümer

Trotz dieser vielen Unzulänglichkeiten war die Entwicklung im Personenverkehr zufriedenstellend und es konnten ab 1906/07 bis etwa zu Beginn des Ersten Weltkrieges geringe Überschüsse erzielt werden. Die ADKG war – wie viele andere Eisenbahnunternehmen auch – verpflichtet, jährliche Rücklagen zu bilden und einen Erneuerungsfonds und Reservefonds einzurichten. Der Erneuerungsfonds diente zur Bestreitung der Kosten der regelmäßig wiederkehrenden Erneuerung des Oberbaus und der Betriebsmittel, während die Mittel aus dem Reservefonds zur Schadensregulierung infolge von Naturereignissen oder größeren

Unfällen eingesetzt wurden. Die Höhe der Beiträge in den Fonds richtete sich prozentual nach den jeweils jährlich erwirtschafteten Überschüssen.

Jahr	Einnahmen	Ausgaben
1906	49 805 M	43 948 M
1907	50 465 M	47 028 M
1908	52 873 M	45 506 M
1909	50 904 M	41 466 M
1910	52 328 M	41 287 M
1912	61 275 M	42 938 M
1913	63 086 M	51 107 M
1914	39 586 M	41 504 M
1915	40 991 M	29 728 M

Der Güterverkehr in Richtung Schlangenbad war unbedeutend und beschränkte sich im Wesentlichen auf die Anlieferung von Bau- und Brennmaterial sowie der Güter des täglichen Lebens für die Anlieger-gemeinden und der Abfuhr von Holz. Stückgutverkehr wurde ebenfalls täglich durchgeführt. Brennmaterial erhielt die an der Strecke liegende Ziegelei Racky, die später Klüter hieß.

Die Angaben über die Beförderungsleistungen sind unvoll-ständig und teilweise den Zeitschriften über Kleinbahnen, der Statistik der Kleinbahnen im Deutschen Reich und vorhandenen Aufzeichnungen entnommen worden.

Jahr	Personen	Güter in t
1896	119.110	
1897	111.225	
1898	106.455	
1899	105.395	
1900	78.994	258
1901	61.880	901
1902	95.759	2.082
1903	106.225	2.750
1904	109.757	4.461
1905	118.845	3.507
1906	114.109	3.036
1907	106.275	5.692
1908	112.369	4.353
1909	110.772	1.817
1910	115.952	3.274
1911	117.610	3.729
1912	125.170	10.032
1913	136.888	7.927
1914	90.255	2.874
1915	94.775	2.313
1916	120.528	2.853
1917	136.417	2.659

Gelegentlich kam es während des Bestehens der Bahn zu kleineren Unfällen (u.a. am 19. Mai 1905 und 1. Mai 1908), meistens waren es Entgleisungen, die keinen größeren Sachschaden verursachten.

Am 19. Mai 1907 entgleiste ein talwärts fahrender Personenzug beim Kreuzen der Straße unterhalb der Haltestelle Schmelzers Mühle, wobei zwei Wagen umkippten und dreißig Personen verletzt wurden. Wahrscheinlich erfolgte der Unfall infolge erhöhter Geschwindigkeit und eines Versagens der Bremse des Schlusswagens auf dem steigungsreichen Streckenabschnitt.

Noch während des Verfahrens gegen den Schuldigen wurde 1908 eine außergewöhnliche Revision von der ADKG durchgeführt, bei der erhebliche Mängel am Gleis und an den Fahrzeugen festgestellt wurden. Eine Lösung, so wird berichtet, erhoffte man sich durch grundsätzliche Änderungen der Betriebsbedingungen.

Am 19. Mai 1907 entgleiste der talwärts fahrende Zug unterhalb der Haltestelle Schmelzer Mühle, 30 Fahrgäste wurden teils erheblich verletzt

Foto: Sammlung Paul Scharhag

Mit Beginn des Ersten Weltkriegs 1914 wurden auch Mitarbeiter der Kleinbahn zum Kriegsdienst eingezogen. Der Material-, Brennstoff- und Personalmangel machte sich bemerkbar.

Es kam zunächst vereinzelt zu Betriebseinschränkungen, die Anzahl der täglichen Zugpaare wurde auf 3-4 Zp herabgesetzt. In den Wintermonaten wurde der Verkehr ganz eingestellt. Während des Krieges, aber auch in der Nachkriegszeit, war der Kurbetrieb in Schlangenbad fast gänzlich zum Stillstand gekommen. Es ist sehr wahrscheinlich, wie in fast allen anderen Bädern in Deutschland auch, Kriegsverletzte ärztlich betreut und behandelt worden sind.

Nach Ende des Ersten Weltkrieges 1918 verblieb es zunächst bei den teilweisen Betriebseinschränkungen, es ging soweit, dass man nur noch sonntags einige Zugpaare einsetzte. Durch die sich in der Folgezeit abzeichnende Rezession kam es praktisch auch zum Erliegen des Kurbetriebes in Schlangenbad.

Während und nach dem Krieg wurden kaum Reparaturarbeiten am Oberbau und den Fahrzeugen durchgeführt. Für deren Behebung wären beträchtliche Geldmittel erforderlich gewesen. Die ADKG hatte am Fortbestand kein Interesse mehr, die Gesellschaft versuchte erneut die Bahn stillzulegen oder zu verkaufen. Bekannt ist lediglich, dass ab 1. Februar 1922 der Bahnverkehr vorübergehend und am 1. Dezember 1922 endgültig eingestellt wurde. Allerdings wurden die erforderlichen Arbeiten zögerlich weiter durchgeführt und dann aber gänzlich eingestellt. Aus den unzureichenden vorliegenden Unterlagen ist die Dauer der tatsächlichen Bahnstilllegung nicht mehr nachvollziehbar.

Wie sah die weitere Entwicklung des Bahnbetriebes aus. Zunächst wurde auf Beschluss der Gesellschafterversammlung vom 28. Juni 1923 eine Änderung der Gesellschaftsbezeichnung vorgenommen, die Allgemeine Deutsche Kleinbahn-Gesellschaft (ADKG) wurde in Allgemeine Deutsche Eisenbahn-Aktiengesellschaft (ADEG) umbenannt.

Die fortschreitende Geldentwertung machte den zur ADKG/ADEG verbleibenden Bahnen arg zu schaffen, sei es u.a. in der Tarifgestaltung, bei den Löhnen und Gehältern und vor allen Dingen bei den zu Beginn der 1920er Jahre begonnenen Unterhaltungsarbeiten. Aufgrund dieser Gegebenheiten musste die ADEG nach der Inflation im Jahre 1924 einen großen Teil ihrer Aktienanteile verkaufen, um zumindest den Bestand der eigenen ADKG- Bahnen zu erhalten. Nicht dazu zählte die Klb. Eltville – Schlangenbad, sie sollte so schnell wie möglich verkauft werden. Am 23. Juni 1925 erhielt die ADEG vom Regierungspräsidenten in Wiesbaden die Genehmigung zum Abbruch der Bahn.

Bahnpersonal und Fahrgäste stellen sich dem Fotografen

Sammlung Paul Scharhag

Schließlich fand die ADEG ein Unternehmen, das bereit war, mit der ADEG zu fusionieren. Am 1. Januar 1926 wurde die Aktiengesellschaft für Verkehrswesen (AGV) neuer Eigentümer. Die ADEG gab ihre Eigenständigkeit auf und veranlasste ihre Löschung im Handelsregister. Zum gleichen Zeitpunkt übernahm ab dem 1. Januar 1926 die Allgemeine Deutsche Eisenbahn-Betriebsgesellschaft mbH in Berlin die Betriebsführung aller Kleinbahn der Ex-ADEG.

Diese Transaktion wäre praktisch das Ende der Dampfstraßenbahn gewesen. Schon vor der Übernahme wird der Magistrat der Stadt Eltville wahrscheinlich angedeutet haben, dass man an der Weiterführung des Bahnbetriebes interessiert sei. Die Ereignisse müssen sich überstürzt haben, die näheren Umstände hierzu konnten nicht festgestellt werden. Sicherlich ist es schon vor der Fusion der beiden Gesellschaften zu Gesprächen über einen Vertragsabschluss zwischen der ADEG bzw. der AGV und dem Magistrat der Stadt Eltville bzw. des amtierenden Bürgermeisters Röttgen gekommen. Zum anderen muss davon ausgegangen werden, dass die übernehmende Gesellschaft bekundet hat, dass sie kein Interesse an dem Fortbestand der Kleinbahn Eltville – Schlangenbad hat.

49. Straßenbahn Eltville—Schlangenbad

Leitung: Betriebsleiter Zundel.
Eigentümer des Unternehmens: Stadt Eltville/Rhein.
Datum und Dauer der Hauptgenehmigung: 15. 3. 1927. 50 Jahre. Datum der ersten Betriebseröffnung: 3. 4. 1927. Betriebszweck: Personen- und Güterbeförderung.
Betriebsorte: Eltville, Neudorf, Rauenthal, Kloster Tiefenthal, Schlangenbad.
Triebkraft: Dampf. Spurweite 1 000 mm. Länge aller verlegten Gleise: Vignolgleise 0,8 km, Rillengleise 6,980 km. Länge der dem öffentlichen Betrieb gewidmeten Strecken: 7,780 km eingleisige Strecken.
Betriebsmittel: 4 Dampflokomotiven, 9 Personenwagen, 5 Güterwagen, 1 Spezialwagen.
Geschäftsjahr: 1. 4.—31. 3. Fortgeschriebenes Anlagekapital 128950 M.
Zahl der beschäftigten Personen: 15.
Verkehrsumfang im letzten Geschäftsjahr: 130000 beförderte Personen, 500 t.
Betriebseinnahmen im letzten Geschäftsjahr 68000 M.

Im Jahr 1928 wurde die Straßenbahn Eltville – Schlangenbad im Handbuch der deutschen Straßenbahnen und Klb. Privateisenbahnen aufgeführt.

Es ist auch nicht nachvollziehbar, warum sich die Stadt Eltville ohne Beteiligung des Badeortes Schlangenbad entschlossen hat, die Bahn zu kaufen und im Eigenbetrieb weiterzuführen.
Bekannt ist lediglich, dass bei Abschluss des Vertrages zwischen der Stadt Eltville und der AGV der Wert des Anlagekapitals von 531.577 M (1895) auf 128.950 RM (1927) festgesetzt wurde.

Der Magistrat der Stadt Eltville stellte nach Abschluss des Vertrages mit der AGV unverzüglich beim Regierungspräsidenten in Wiesbaden einen Antrag auf Übernahme der Konzession und die Weiterführung der Kleinbahn / Straßenbahn in Eigenbetrieb.

Nach Prüfung der eingereichten Unterlagen genehmigte der Regierungspräsident am 15. März 1927 in Einvernehmen mit dem Landrat Dr. Mühlens (veröffentlicht im Amtsblatt des Regierungspräsidenten Wiesbaden - Jg. 1927) die Übernahme und den Betrieb der Bahn:

Genehmigungsurkunde für die Straßenbahn Eltville – Schlangenbad

Zur Herstellung und zum Betrieb einer Straßenbahn in einer Spurweite von 1,000 m von Eltville nach Schlangenbad mit Anschluß an den Reichsbahnhof in Eltville zur Bedienung des Personen- und Güterverkehrs zwischen Eltville und Schlangenbad mittels Dampflokomotiven wird der Stadtgemeinde Eltville a. Rh. auf Grund des Gesetzes über Kleinbahnen und Privatanschlussbahnen vom 28. Juli 1892 in Einvernehmen mit der Reichsbahndirektion (Preußische Kleinbahnaufsicht) zu Mainz auf die Zeitdauer von 50 Jahren von der

Betriebseröffnung ab, vorbehaltlich der Rechte Dritter, unter nachstehenden Bedingungen die Genehmigung erteilt:
pp.

Der Magistrat zu Eltville übernimmt auf Grund privat-rechtlicher Vereinbarung mit der Vorbesitzerin die Straßenbahnstrecke Eltville – Schlangenbad, nachdem letztere infolge Erlöschens der Konzession von der Erlaubnis zum Abbruch der Straßenbahnstrecke einen Gebrauch nicht gemacht hat, den vorhandenen Oberbau, da in der Linienführung der neu genehmigten Straßenbahn eine Änderung nicht eintritt.
pp.

Wiesbaden, den 15.3.27
Der Regierungspräsident

Busbetrieb Wiesbaden – Schlangenbad

Sammlung: Daniel Eckert

Nach eingehender Überprüfung der Betriebsmittel und der Strecke durch die Mitarbeiter konnte die Bahn nach der landpolizeilichen und eisenbahntechnischen Abnahme am 3. April 1927 wieder den Verkehr aufnehmen. An Fahrzeugen wurden übernommen: vier Kastenlokomotiven, neun Personenwagen einschl. Sommerwagen, fünf Güterwagen und ein Spezialwagen. Bekannt ist lediglich, dass der Straßenbahn kein großer Erfolg beschieden war. Es mögen nach der Betriebsaufnahme wieder Kurgäste nach Schlangenbad gefahren sein. Auch die Ausflügler werden die Dampfstraßenbahn weiter benutzt haben. Im Zeitraum 1927/28 sind rund 130.000 Personen mit der Bahn gefahren, der Güterverkehr war mit rund 500 t unbedeutend. Der Fahrpreis betrug 1930 für die einfache Fahrt nach Schlangenbad 0,80 RPfg und 1,20 RPfg für die Hin- und Rückfahrt.

Doch zunehmend machte sich zum Ende der 1920er Jahre die verstärkt einsetzende Omnibus-Konkurrenz bemerkbar. Ab 1930 fuhr bereits ein Bus der Fa. Winter die Strecke nach Schlangenbad. Mit der Einführung des Busbetriebes auf der Strecke Wiesbaden – Schlangenbad wurden der Bahn weitere Fahrgäste entzogen, denn ein Bus benötigte für eine Fahrt nur ca. 30 Minuten.

Ein weiterer Faktor der die Bahn stark belastete, war wohl die Anfang der 1930er Jahre sich abzeichnende Weltwirtschaftskrise. Die Fahrgastzahlen gingen stetig zurück. Die Stadt Eltville musste die jährliche Bilanz der Dampfstraßenbahn durch Zuschüsse immer wieder ausgleichen. Hinzu kam, dass die notwendigen Instandsetzungsarbeiten an der Strecke und eine Erneuerung des alten Fahrzeugparks unterblieben, so dass man sich entschloss, den Betrieb der Bahn einzustellen und die Anlagen abzubauen.

Endgültige Stilllegung

Zuvor hatte der Magistrat der Stadt Eltville die Bahnkonzession am 1. März 1933 an die Deutsche Reichspost verkauft bzw. abgetreten. Nur so ist die Bekanntgabe in der Rheingauer Zeitung - Rund um Eltville - vom 16. März 1933 erschienene Mitteilung des Magistrats der Stadt Eltville zu erklären:

Bekanntmachung

Betr. Dampfstraßenbahn Eltville – Schlangenbad

Aus technischen Gründen wird anstelle des Dampfbahnbetriebes ab Sonnabend, der 18. März 1933 bis auf Weiteres ein Kraftwagenverkehr eingerichtet. An den Fahrzeiten, Haltestellen und Fahrpreisen ändert sich nichts.
Eltville, den 15. März 1933
Der Magistrat

Es mag dahingestellt bleiben, ob nach dieser Bekanntmachung noch vereinzelt Bahnfahrten durchgeführt worden sind. Die offizielle Einstellung des Betriebes der Dampfstraßenbahn erfolgte einige Monate später, die Verfügung des Regierungspräsidenten wurde im Amtsblatt der Preußischen Regierung zu Wiesbaden vom 3. Juni 1933 veröffentlicht:

Bekanntmachung

Betr. die Straßenbahn Eltville – Schlangenbad
Die der Stadtgemeinde Eltville am 15. März 1927 erteilte Genehmigung zum Betrieb einer Straßenbahn mit Dampflokomotiven in einer Spurweite von 1,000 m von Eltville nach Schlangenbad mit Anschluß an den Reichsbahnhof Eltville zur Bedienung des Personen- und Güterverkehrs zwischen Eltville und Schlangenbad wird im Einvernehmen mit der Mitaufsichtsbehörde – der Reichsbahndirektion (Preußische Kleinbahnaufsicht) zu Mainz – gem. Ausführungsanweisungen vom 13. August 1898 zum Gesetz über Kleinbahnen und Privatanschlussbahnen vom 28. Juli 1892 für erloschen erklärt und hiermit zurückgenommen.

Wiesbaden, 12.6.1933
Der kom. Reg.-Präsident

In den folgenden Monaten wurden die Gleise entlang der Straßen abgebaut, die noch vorhandenen Lokomotiven und das Wagenmaterial verschrottet. Gleisreste vor dem Bahnhof Eltville wurden erst 1957 beim Ausbau der Wilhelmstraße entfernt. Der Lokschuppen bzw. das Depot wurde nach der Stilllegung noch viele Jahre als Busgaragenhof genutzt.

Nach Stilllegung der Dampfstraßenbahn im Jahre 1933 übernahm die Fa. Anton Winter auch den Omnibusverkehr von Eltville nach Schlangenbad
Foto: Sammlung Paul Scharhag

Betriebsführung

Eigentümer und Betreiber der Kleinbahn Eltville - Schlangenbad war die Allgemeine Deutsche Kleinbahn-Gesellschaft (ADKG) mit Sitz in Berlin. Der Zweck der von Berliner Banken am 4. Januar 1893 gegründeten Aktiengesellschaft waren Bau und Betrieb, Pachtung, Verpachtung und Ankauf von Bahnen jeder Art, insbesondere von Kleinbahnen und die Durchführung der dazu erforderlichen Finanzierung.

Bis zum Jahre 1899 hatte die Gesellschaft entsprechende Bahnen nicht in eigener Regie ausgeführt und widmete sich hauptsächlich der Finanzierung von Bahnunternehmen. Sie machte ihre Beteiligung bei neuen Bahnprojekten davon abhängig, ob die Unternehmer für die Einhaltung der Baukostensumme und auf eine Reihe von Jahren hin für eine feste Betriebspacht vertragsmäßig Bürgschaft leisteten. Für deren Erfüllung wurde ein Teil der Bausumme als Kaution einbehalten.

Im Geschäftsbericht der ADKG für das Jahr 1898 wird zwar

insbesondere auf die Eröffnung der Biebertalbahn Gießen – Bieber hingewiesen. Zum anderen werden jedoch auch die von der Gesellschaft errichteten Bahnen im Danziger Raum (Kleinbahn des Kreises Marienburg) und in den preußischen Provinzen Posen und Oberschlesien ausführlich erwähnt. Für die ADKG galt als oberste Prämisse zum Bau und Betrieb einer Kleinbahn, dass diese sparsam erstellt und betrieben sowie die baulichen Anlagen in einfacher Weise ausgeführt wurden. Bedingt durch das zunehmende Wachstum des Unternehmens war ein steigender Kapitalbedarf vorhanden. Von 1893 bis 1896 hat die ADKG rund 16 Mio. M an Obligationen ausgegeben. Bei der am 1. Juli 1898 durchgeführten Generalversammlung wurde beschlossen, das Grundkapital von 5 Mio. M auf 7,5 Mio. M zu erhöhen und die Ausgabe von neuen Obligations-Anleihen in Höhe von 4 Mio. M zu veranlassen.

Im gleichen Jahr trat insofern eine Änderung in der Geschäftspolitik ein, als sich die ADKG bei einer der ersten Bahnen, der Kleinbahn des Krs. Marienburg, nicht mehr finanziell engagierte, sondern den Betrieb mit eigenem Personal und in eigener Regie aufnahm. Die Gesellschaft ging somit von der bisherigen Praxis der Finanzierung und Verpachtung ab. Hierzu wurde

im Geschäftsbericht 1898 Folgendes ausgeführt, das auch für die Kleinbahn Eltville – Schlangenbad von Bedeutung war:

„Durch die im vorjährigen Bericht von Abteilungen unserer Verwaltung in Frankfurt/M., Danzig, Gleiwitz und Berlin wurden wir in den Stand gesetzt, den Bau und Betrieb unserer eigenen Bahnen sowie von den Bahnen der von uns gegründeten Gesellschaften selbst zu übernehmen. Wir erblicken hierin einen wesentlichen Fortschritt und haben uns deshalb auch veranlasst gesehen, bestehende Bau- und Betriebsverträge mit General-unternehmern zu lösen".

Mitursache waren hier in erster Linie aufgetretene Differenzen zwischen der Gesellschaft und drei Bahnbauunternehmern bzw. Betriebspächtern, zu denen auch der Unternehmer Philipp Balke bei der Kleinbahn Eltville – Schlangenbad zählte. In diesem Zusammenhang ist zu erwähnen, dass der Unternehmer Balke mit der ADKG auch einen Vertrag über den Bau und Betrieb der Nassauischen Kleinbahn abgeschlossen hatte. Beiden Bahnen hatte Balke einen jährlichen Reinertrag von jeweils 12 500 M garantiert.

Anfang 1899 wurden die Betriebsführungsverträge zwischen der ADKG und dem Unternehmer

Balke über den Bau und Betrieb der Nassauischen Kleinbahn und der Kleinbahn Eltville – Schlangenbad gelöst. Ergänzend zum Geschäftsbericht wurden von einer Revisions-Kommission folgende Ausführungen zur wirtschaftlichen Lage der Kleinbahn Eltville – Schlangenbad gemacht:

„Da das Unternehmen von dem Betriebspächter erhebliche Zuschüsse erforderte, hat derselbe auf die gute Erhaltung der Bahn keine besondere Rücksicht genommen. Die Gesellschaft hat deshalb nach Auflösung des Betriebsvertrages zur Instandsetzung der Bahn erhebliche Aufwendungen machen müssen. Nachdem dies geschehen, wird seitens der Gesellschaftsorgane ein besseres Erträgnis erwartet".

Um 1898 gehörten der Gesellschaft acht Eisenbahnunternehmen, die Streckenlänge dieser Bahnen betrug rund 340 km. Bis 1896 gab die ADKG etwa 16 Mio. M an Obligationen aus. Obwohl nach 1898 das Aktienkapital auf 7,5 Mio. M erhöht worden war, traten bald finanzielle Rückschläge ein, der größte Teil des Kapitals ging bis Ende 1901 verloren. Infolge von Missmanagement stand die ADKG in einer schweren Finanzkrise und hätte fast Konkurs anmelden müssen.

Die ADKG erholte sich nur schwerlich von der finanziellen Krise. Bis Ende des Jahres 1904 verteilten sich die Vermögensstücke an Bahnen bzw. Aktien und Anteilen u.a. auf folgende Bahnen mit einer Gesamtstreckenlänge von rund 440 km:
Eigene Bahnen: Dessau - Radegast - Zörbig, Dampfstraßenbahn Eltville - Schlangenbad, Kleinbahn Katscher - Gross-Peterwitz, Biebertalbahn, Kleinbahnen im Kreis Marienburg und Kleinbahn Philippsheim – Binsfeld (verpachtet).
Mit Effektenbesitz war die Gesellschaft an zwanzig Kleinbahnen, vor allem in Ostdeutschland, beteiligt. Für das Gebiet Hessen sollen hier nur die schmalspurige Biebertalbahn und die Nassauische Kleinbahn genannt werden.

Die Gesellschaft erhöhte 1918 ihr Aktienkapital auf 12 Mio. M, doch musste sie nach der Inflation im Jahre 1923 ihre Anteile verkaufen. Auf Beschluss der Generalversammlung vom 28. Juni 1923 wurde daher die ADKG in Allgemeine Deutsche Eisenbahn AG (ADEA) umbenannt. Am 1. Januar 1926 fusionierte die ADEA dann mit der Aktiengesellschaft für Verkehrswesen (AGV) in Berlin.

Den Betrieb der Kleinbahn Eltville – Schlangenbad führte ab 1. Oktober 1915 die von der ADKG ins Leben gerufene Allgemeine Deutsche Eisenbahn-Betriebs-Gesellschaft mbH (im folgenden ADEG genannt) mit Sitz in Berlin weiter. Diese Gesellschaft befasste sich mit den organisatorischen und betriebswirtschaftlichen Angelegenheiten der in Eigentum der ADKG betriebenen Bahnen, zu denen auch die Dampfstraßenbahn Eltville – Schlangenbad gehörte. Soweit es die eigentliche Betriebsführung betraf, war die Stelle bei der Klb. Eltville – Schlangenbad praktisch eine Durchgangsstation für Betriebsleiter. Nachdem sich diese mit den organisatorischen und betrieblichen Belangen einer Bahn befasst und eingearbeitet hatten, wurden sie unverhofft zu anderen Bahnen der ADKG (z.B. nach Westpreußen) versetzt. Auch diese von der ADKG getroffenen Maßnahmen waren sowohl für die Betriebsabwicklung als auch hinsichtlich der Zusammenarbeit mit den Bediensteten nicht gerade förderlich. Ab dem 1. Januar 1926 übernahm die Allgemeine Deutsche Eisenbahn-Betriebsgesellschaft mbH die Betriebsführung der Klb. Eltville – Schlangenbad.

Als am 1. April 1927 die Bahn in das Eigentum der Stadt Eltville überging, wurde die Betriebsführung in Eigenregie abgewickelt. Das hatte allerdings zur Folge, dass die Stadt als Betreiber der Bahn alle Rechte und Pflichten zu übernehmen hatte. Die örtliche Betriebsleitung befand sich in Eltville (Depot).

Aufsichtsbehörde der Dampfstraßenbahn war der Kgl. Regierungspräsident zu Wiesbaden. Die eisenbahntechnische Aufsicht führte zunächst die Kgl. Eisenbahndirektion (KED) Wiesbaden, ab 1895 die KED Frankfurt/M. i.V. mit dem Eisenbahnamt Wiesbaden und ab 1904 die KED Mainz.

Die Aufsicht über Kleinbahnen im Staat Preußen wurde – wie bereits erwähnt – durch das Gesetz über Kleinbahnen und Privatanschlussbahnen geregelt. Sie teilte sich in eine eisenbahntechnische Aufsicht, die in der Regel durch die Eisenbahndirektion ausgeübt wurde und in eine allgemeine Aufsicht durch den zuständigen Regierungspräsidenten. Zu den Obliegenheiten gehörte die Überwachung des Betriebes, also die betriebssichere Unterhaltung der Bahnanlagen und der Betriebsmittel sowie die sichere und ordnungsgemäße Durchführung des Zugverkehrs. Außerdem wurde jeweils die technische Befähigung und Zuverlässigkeit des Personals für den äußeren Betriebsdienst kontrolliert. Die nichteisenbahntechnische Aufsicht des Regierungspräsidenten kontrollierte die Hinterlegung von Sicherheiten, die Einziehung von Geldstrafen und

Beobachtung der Erfüllung etwaiger in der Genehmigungsurkunde festgesetzter Verkehrsbeschränkungen durch den Unternehmer.

Die am 31. Januar 1895 vom Kgl. Regierungspräsidenten ausgestellte Genehmigungsurkunde über Bau und Betrieb von Kleinbahnen und Privatanschlussbahnen entsprach in vielen Bestimmungen dem sog. Entwurfsstandard wie bei anderen in Preußen erteilten Konzessionen anderer Eisenbahnunternehmen.

Einige Weisungen sollen erwähnt werden:

„(...) Alle im äußeren Betriebsdienst beschäftigten Bediensteten (Maschinenführer, Schaffner, Kontrolleure, Haltestellenvorsteher usw.) müssen diejenige körperliche und geistige Fähigkeit und diejenige Zuverlässigkeit besitzen, welche ihre Berufspflicht erfordert.

(...) Zu Maschinenführern dürfen nur solche Personen angenommen werden, welche nach einer mindestens sechsmonatigen Arbeit in einer Maschinenbau- oder Maschinereparatur-Werkstätte und nach mindestens ebenso langer Lehrzeit als Maschinenführer durch eine Prüfung und durch Probefahrten ihre Befähigung nachgewiesen haben.

Bedienstete, welche sich als unfähig oder als unzuverlässig für ihren Beruf erwiesen haben, sind auf Erfordern der Aufsichtsbehörde aus ihrem Dienst zu entlassen.

(...) Die zum Verkehr mit dem Publikum berufenen Beamten müssen bei ihrer Dienstausübung durch Dienstkleidung oder ein sonstiges gleichmäßiges Abzeichen als solche kenntlich und mit einer an der vorderen Seite der Kopfbedeckung zu tragenden Nummer versehen sein".

Weiter wurde in der Genehmigungsurkunde ausgeführt, dass die Fahrgeschwindigkeit an keiner Stelle der Bahn 20 km/h überschreiten dürfe, im Ort Eltville sei sie auf 10 km/h, im Ort Neudorf auf eine Geschwindigkeit eines im Schritt fahrenden Landfuhrwerks zu ermäßigen. Die ADKG erließ eine Vielzahl von Dienstvorschriften für ihre Mitarbeiter und das Fahrpersonal.

Neue Betriebsvorschriften für den Betrieb der Straßenbahn Eltville – Schlangenbad wurden nach der Übernahme der Bahn im Jahre 1927 erlassen. Sie waren aufgrund der Ausführungsanweisungen zum Gesetz über Kleinbahnen und Privatanschlussbahnen vom 13. August 1898 und den Bau- und Betriebsvorschriften für Straßenbahnen mit Maschinenbetrieb vom 26. September 1906 anzuwenden.

Diese Vorschriften regelten im einzelnen die Arbeit u.a. der Bahnverwalter, Lokführer, Heizer, Zugführer, Schaffner.

Bekannt sind die Dienstvorschriften für den Betrieb der Straßenbahn Eltville – Schlangenbad und die Dienstvorschrift für Lokomotivführer und Heizer der Straßenbahn Eltville – Schlangenbad.

Es würde zu weit führen, im Rahmen dieser kleinen Veröffentlichung alle Bestimmungen aufzuzeigen, doch sollen einige erwähnt werden:

Dienstverhältnis der im Betrieb Angestellten:

Sämtliche Angestellte sind dem Magistrat bzw. dessen Beauftragten unterstellt. Dieselben haben auch den Anordnungen der Aufsichtsbehörde und zwar des Regierungspräsidenten zu Wiesbaden und der Reichsbahndirektion Mainz Folge zu leisten.

Die Stationsaufseher haben die Abfertigung der Züge zu besorgen und die Ordnung auf den Bahnhöfen aufrecht zu erhalten. (Anmerkung: Gemeint sind Klbf Eltville und Schlangenbad)

Stärke und Bildung der Züge

Jeder Zug besteht für gewöhnlich aus einer Lokomotive und aus einem bis höchstens drei Wagen. Jede Lokomotive muß mit Führer und Heizer und ein angehängter Wagen mit dem Zugführer besetzt sein. Besteht der Zug aus 2 oder 3 Wagen, so kommt noch ein Schaffner oder Bremser hinzu.

Bereitstellung der Züge

Die Bereitstellung der fahrplanmäßigen Züge auf der Haltestelle Eltville Reichsbahnhof hat mindestens 5 Minuten vor der planmäßigen Abfahrtzeit zu erfolgen.

Behufs Einhaltung der richtigen Abfahrts- und Ankunftszeiten ist die Bahnhofsuhr Eltville maßgebend.

Mitfahren auf der Lokomotive

Ohne Erlaubnis der zuständigen Behörde darf ausser den dienstlich dazu berechtigten Personen niemand auf der Lokomotive mitfahren.

Nur einige Dienstvorschriften für Lokomotivführer und Heizer sollen genannt werden:

„*Der Lokomotivführer muß sich eine halbe Stunde, der Heizer eine Stunde vor Abfahrt des Zuges im Lokomotivschuppen einfinden und dafür sorgen, dass seine Maschine rechtzeitig dienstbereit ist.*

Verhalten beim Vorspanndienst

Wird einem Zuge eine Vorspannlokomotive mitgegeben, so sind beide Lokomotiven durch eine festangezogene Kupplung zu verbinden. Die vordere Lokomotive führt den Zug, regelt dessen Geschwindigkeit und gibt die vorgeschriebenen und nötigen Signale, die zweite Lokomotive leistet nur in dem erforderlichen Maße Hilfe und hat die von der führenden Lokomotive zu gebenden Signale zu beachten".

Neben den vielen Dienstvorschriften und den Bestimmungen in der Genehmigungsurkunde gab es während des Bestehens der Bahn noch einige Polizei-Verordnungen einschließlich Ergänzungen.

Nach der Genehmigungsurkunde sowie nach § 42 des Kleinbahn-gesetzes von 1892 war die Dampfstraßenbahn zur Post-beförderung verpflichtet. Der Bahnpostverkehr wurde zumindest bis 1931 3 x täglich durchgeführt, denn in den Postleitheften war ab Herbst 1931 verzeichnet: *„Betrieb eingestellt".* Die kombinierten Post- und Personenwagen hatten ein kleines Postabteil.

Bei der Dampfstraßenbahn waren während ihres Bestehens zwischen 10 und 17 Mitarbeiter eingesetzt. In der Zeitschrift für Kleinbahnen wurden u.a. angegeben: im Jahre 1908 sind fünf Beamte und elf ständige Arbeiter, im Jahre 1916 sind acht Beamte und acht ständige Arbeiter erwähnt. Im Jahr 1928 sind im Handbuch der deutschen Straßenbahnen, Kleinbahnen und Privatbahnen 15 Mitarbeiter genannt. Letzter Betriebsleiter war Herr Zundel aus Eltville.

Eltville—Schlangenbad.

Straßenbahn für Peronen-, Stückgut- und Wagenladungsverkehr. — L i n i e n : Von Eltville nach Schlangenbad. — E i g e n t ü m e r u. B e t r i e b s u n t e r n e h m e r : Allgemeine Deutsche Klein-bahn-Ges., A.-G. in Berlin. — I m B e t r i e b s e i t : 30. Juni 1895. — G e s c h ä f t s j a h r : Kalenderjahr 1905. — A n l a g e - k a p i t a l : 235 000 Mk. — B e t r i e b s e i n n a h m e n : 52 488 Mark. — B e t r i e b s a u s g a b e n : 38 442 Mk. = 73,3 % der Betriebseinnahme. — R ü c k l a g e n : Kapitaltilgungsfonds 1424 Mark; Erneuerungsfonds 2398 Mk.; Spezialreservefonds 265 Mk. — K o n z e s s i o n s d a u e r : 50 Jahre. — E r b a u e r : Allg.

Deutsche Kleinbahn-Ges.. Berlin. — B e t r i e b s a r t : Eingleisige Flachbahn mit Dampfbetrieb. — B a h n k ö r p e r : 7,25 km auf öffentlichen Straßen, Rest auf eigenem Grund und Boden. — O b e r b a u : Vignolschienen 16 kg auf hölzernen Querschwellen u. Rillenschienen 34 kg. — S p u r w e i t e : 1.000 m. — B a h n - l ä n g e : 8,94 km. — B e t r i e b s l ä n g e : 7,65 km. — F a h r - b e t r i e b s m i t t e l : 5 zweifach gekoppelte Lokomotiven, 9 vierachsige Personenwagen, 1 zweiachsiger und 4 vierachsige Güterwagen, 1 Spezialwagen. — P e r s o n a l : 6 Beamte, 11 stän-dige Arbeiter.

Im Jahre 1928 wurde die Straßenbahn Eltville – Schlangenbad im Handbuch der deutschen Straßenbahnen und Klein- Privatbahnen erwähnt.

Zeittafel

19.06.1895	Erste Probefahrten und landespolizeiliche Abnahme der Kleinbahn
20.06.1895	Planmäßige Inbetriebnahme der Kleinbahn
25.03.1899	Rechtliche Umwandlung der Kleinbahn in eine Dampfstraßenbahn ohne Änderung der Genehmigungsurkunde vom 31.01.1895
01.10.1915	Betriebsführung durch die Allgemeine Deutsche Eisenbahn-Betriebs-Gesellschaft mbH, Berlin
01.12.1922	Einstellung des Bahnbetriebs
28.06.1923	Eigentümer neu firmiert in Allgemeine Deutsche Eisenbahn AG (ADEG)
01.01.1926	Fusion der ADEG mit der Aktiengesellschaft für Verkehrswesen (AGV)
01.01.1926	Betriebsführung durch die Allgemeine Deutsche Eisenbahn-Betriebs-Gesellschaft mbH, Berlin
15.03.1927	Wiederinbetriebnahme durch den Magistrat der Stadt Eltville
01.04.1927	Eigentümer Magistrat der Stadt Eltville, eigene Betriebsführung
18.03.1933	Betriebseinstellung der Dampfstraßenbahn
12.06.1933	Stilllegung der Dampfstraßenbahn

Fahrplan des Magistrats der Stadt Eltville aus dem Jahr 1929 (Stormkursbuch)

Streckenbeschreibung und Betriebsanlagen

Kleinbahnfahrt von Eltville nach Schlangenbad

In der kleinen Broschüre „Taunusführer" (Wanderführer) aus dem Jahre 1904 wird die Fahrt der Dampfstraßenbahn von Eltville nach Schlangenbad recht kurz, aber prägnant beschrieben:

Die Strecke der Dampfstraßenbahn führt von Eltville durch Weinberge, die zu beiden Seiten bis dicht an die Straße heranreichen und an dem schönen Nonnenberg vorbei, zunächst nach 3 km Neudorf erreicht, Straße und Bahn treten in das Tal der Wallufer, auch Schlangenbader Bach ein; in demselben nach 4 km kommt die Haltestelle Rauenthal. Oberhalb der Haltestelle liegt das schöne Kloster Tiefenthal (Elisabethental). Das Tal wird nun enger und schöner und die Bahn erreicht nach 7 km Schlangenbad. Durch seine neun 28 –30^0 C warmen Quellen und seine außerordentlich begünstigte Lage gleich berühmter Kur- und Badeort gegen Frauen- und Nervenkrankheiten. Das Bad liegt in einem idyllischen Talkessel an der Wallufer.

Von den vor über 100 Jahren errichteten Anlagen der Dampfstraßenbahn sind heute - nach fast sieben Jahrzehnten nach Einstellung des Schmalspurbahn-

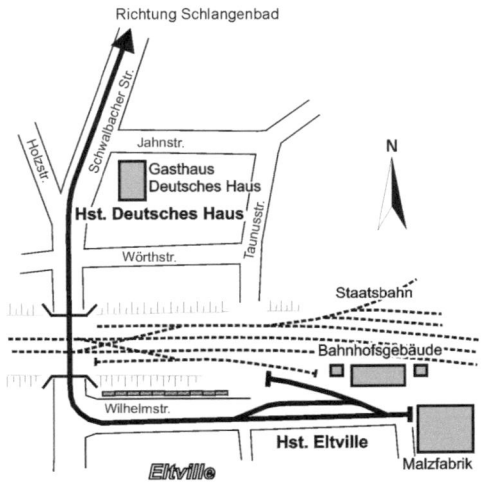

Gleisverlauf vom Bahnhofsvorplatz Eltville in Richtung Neundorf. Das Gleis endete vor der Malzfabrik Binding. Das kleine Abzweiggleis im Bahnhofsgelände, gem. Katasterblatt aus dem Jahre 1904, diente zur Umladung der Güterwagen

Zeichnung: S. Skrandies

verkehrs - keine Spuren mehr vorhanden.

Aufgrund von Kartenmaterial und den im Archiv der Stadt Eltville vorgefundenen Katasterblättern kann der rund 7,8 km lange Streckenverlauf von Eltville nach Schlangenbad nachvollzogen werden. Bei der Beschreibung werden die heutigen Straßen- und Ortsnamen genannt. Vielfach ist die Trasse nach der Stilllegung bzw. nach dem Zweiten Weltkrieg in den Ausbau der Straße von Eltville nach Schlangenbad mit einbezogen worden.

Der Kleinbahnhof Eltville befand sich in der Wilhelmstraße im Bereich des Empfangsgebäudes der Staatsbahn (Bahnhofsvorplatz). Der heutige linksseitige Anbau des Bahnhofs ist erst nach 1945 erstellt worden. Zuvor war an dieser Stelle das Stellwerk der Reichsbahn.

Das schmalspurige Hauptgleis endete vor der Malzfabrik Binding (nicht zur Brauerei Binding gehörend), vom Umsetzgleis führte ein kurzes Abzweiggleis in den Bereich der eingezäunten kleinen Güteranlage des Bhf. Eltville. Hier erfolgte die Umladung von Kleinbahn- auf Staatsbahnwagen oder umgekehrt. Diese Umladungen waren immer sehr zeit- und kostenaufwändig. Bei einer Zugbildung mit mehr als zwei Personenwagen wurde aufgrund der beengten Wilhelmstraße beim Umsetzen auch schon einmal das Abzweiggleis mitbenutzt.

In einigen Veröffentlichungen wird erwähnt, dass für die Malzfabrik ein Anschlussgleis der Kleinbahn bestanden haben soll. Ein Katasterblatt aus dem Jahre 1904 weist aus, dass das Hauptgleis vor der Malzfabrik endete. Der Güterbahnhof der Staatsbahn und das Umladegleis lagen nur ca. 100 m von der Malzfabrik entfernt. Die Anfuhr von Getreide (u.a. Gerste) für die Malzfabrik und die Abfuhr des fertigen Malzes mit Güterwagen der Staatsbahn sind mit hoher Wahrscheinlichkeit vom Güterbahnhof bzw. von der Fabrik mittels Pferdefuhrwerk oder später mit einem Lkw erfolgt. Falls Getreide mit der Staatsbahn angeliefert wurde, hätte man die Fracht sicherlich nicht in die schmalspurigen Güterwagen umgeladen, um diese dann rund 100 m zur Malzfabrik zu transportieren. Für diese kurze Strecke wären zweifellos zusätzliche Transport- und Umladekosten angefallen. Die Malzfabrik ist Mitte April 1972 abgerissen worden, heute befindet sich hier ein Parkplatz (P+R). Vor dem Abbruch gehörte das Fabrikgelände der Fa. Kels (Stangeneisherstellung).

Von der Endhaltestelle beim Staatsbahnhof führte das Gleis in leichtem Gefälle die Wilhelm-Straße hinab, unterquerte in einer scharfen Rechtskurve die Staatsbahnunterführung und bog in die Schwalbacher Straße ein. Im Bereich der Staatsbahnunterführung hatte gem. Polizei-Verordnung ein Schaffner oder Zugführer dem Zug vorauszugehen.

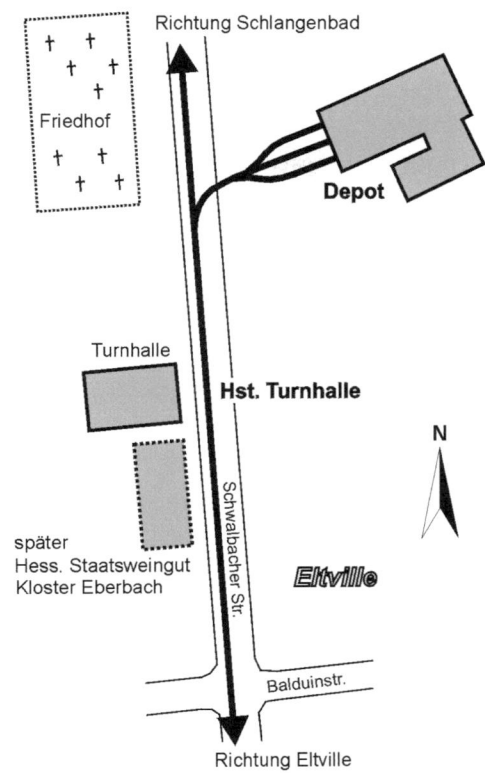

Richtung Schlangenbad

Friedhof

Turnhalle

Depot

Hst. Turnhalle

N

später
Hess. Staatsweingut
Kloster Eberbach

Schwalbacher Str.

Eltville

Balduinstr.

Richtung Eltville

Gleisverlauf in Eltville, Schwalbacher Straße mit Abzweig zum Depot der Dampfstraßenbahn

Zeichnung: S. Skrandies

Das Gleis lag zunächst bis etwa zur Wörthstraße/Holzstraße mittig in der Schwalbacher Straße und anschließend weiter in linker Seitenlage. An der Ecke Schwalbacher Straße / Jahnstraße war die erste Bedarfs-Haltestelle „Restaurant Deutsches Haus". Das Gebäude wird heute noch als Gaststätte benutzt. Die nächste Bedarfs-Haltestelle „Turnhalle" war ebenfalls auf der Schwalbacher Straße etwa dort, wo sich heute auf der linken Seite das Hessische

Staatsweingut Kloster Eberbach befindet.

Etwa 100 m weiter war bei Strecken-km 0,8 die Betriebshalte-stelle „Bahndepot". Auf der rechten Seite der Schwalbacher Straße lag zwischen der heutigen Wein-bergstraße und der Herberstraße das etwas tiefer gelegene Depot der Dampfstraßenbahn mit dem mehrgleisigen Lok- und Wagen-schuppen sowie einer Lagerhalle und Werkstatt. Nach der Stilllegung der Dampfstraßenbahn wurden die Depotgebäude für die Unterstellung und Wartung der im Raum Eltville verkehrenden Omnibusse (Linien Eltville – Schlangenbad und Eltville -Kiedrich) genutzt. Im Jahre 1953 ist das Depot abgerissen und ein neuer Omnibusgaragenhof der Deutschen Post errichtet worden. Seit etwa Mitte der 1960er Jahre befinden sich auf dem ehemaligen Gelände mehrere Wohnhäuser und an der Schwalbachers Straße ein Dienstgebäude der Post.

Haltestelle „Zum Deutschen Haus" in Eltville, Schwalbacher Straße . Heute ist hier ein Restaurant eingerichtet

Foto: Sammlung Daniel Eckert

Haltestelle Turnhalle in Eltville, Schwalbacher Straße nahe des Depots
Foto: Sammlung Daniel Eckert

Vom Depot bis zum Ende der heutigen Stadtbebauung von Eltville verlief die Strecke auf der Schwalbacher Straße in mäßiger, doch im folgenden Abschnitt mit erheblicher Steigung in Richtung Neudorf (heute Martinsthal). Nach Überfahren des Sulzbaches führte die Straße mit den Bahngleisen durch das Weinanbaugebiet (Sonnen- und Rohrberg) und am Nonnenberg vorbei. Vor der Gemeinde Neudorf bog das Gleis in die äußerst enge Hauptstraße ein und führte dann in leichtem Gefälle bis zum Marktplatz. Hier befand sich die Haltestelle „Neudorf" (3,3 km) mit einem Ausweichgleis. Anschließend führte das Gleis steigend entlang der Hauptstraße bis zur rund 400 m weiter entfernten Haltestelle „Rauenthal". Die Geschwindigkeit eines Zuges durfte bei der Durchfahrt des Ortes Neudorf nur die Geschwindigkeit eines Schritt fahrenden Landfuhrwerks betragen.

Die am 23. Mai 1896 erlassene Polizeiverordnung für die Kleinbahn Eltville - Schlangenbad enthielt folgende Bestimmung: *„Bei der Durchfahrt durch Neudorf muß der Zugführer dem Zug mit roter Fahne vorangehen. Auf dem Marktplatz in Neudorf ist von der Gesellschaft ein Straßenwärter anzustellen, welcher dort verkehrende Fuhrwerke von der Annäherung der Züge rechtzeitig zu verständigen, Zusammenstöße zu verhüten und für die notwendige Freihaltung des Bahngleises Sorge zu tragen hat".*

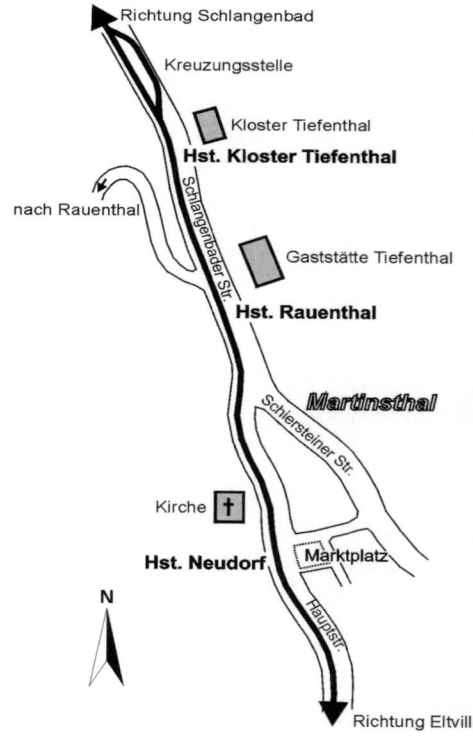

Streckenverlauf durch Neudorf – heute Martinsthal mit den Haltestellen Neudorf-Marktplatz, Rauenthal und Kloster Tiefenthal. Nach der Haltestelle Kloster Tiefenthal befand sich eine Kreuzungsstelle der Züg.

Zeichnung: S. Skrandies

Der Kraftwagenhof vor dem Neubau 1952. Archiv f. Dtsch. Postgeschichte

Foto: Sammlung Paul Scharhag

Neue Zufahrt zum neuen Kraftwagenhof mit Dienstgebäude. Archiv f. Dtsch. Postgeschichte

Foto: Sammlung Paul Scharhag

Spricht man über die immer wieder zitierte gute, alte Zeit, so war für die Anwohner der Hauptstraße die Kleinbahn sicherlich keine erfreuliche Gegebenheit, denn die Straße war an vielen Stellen nur 5–6 m breit. Die Züge fuhren so dicht an den Häusern vorbei, dass die Fahrgäste in die Wohnungen sehen konnten. Der Lärm der Lokomotive

Gleisführung nahe der Häuser auf der Hauptstraße in Neudorf/Martinsthal.
Foto: Sammlung Paul Scharhag

und der Wagen hallte zwischen den Häusern, Fußgänger mussten beim Nahen des Zuges oft in die Haus- oder Hofeingänge treten, Mütter mussten ihre Kinder schnell von der Straße holen, so eine kleine Bahn

brachte viel Unruhe und Unbequemlichkeiten mit sich. Pferde- und Kuhgespanne, die sich in der schmalen Straße befanden, mußten vor dem herankommenden Zug zurücksetzen. Zum Tagesgeschäft ging man erst wieder über, wenn die Anwohner und Fußgänger die runde rote, weiß umrandete Schlussscheibe oder die rotleuchtende Laterne am letzten Kleinbahnwagen sahen.

Nach der engen Ortsdurchfahrt Neudorf / Martinsthal - heute nahe der Aral-Tankstelle an der Schiersteiner Straße (B 260) - lag bei der Gaststätte Tiefenthal die Haltestelle „Rauenthal" (3,7 km). Der hoch gelegene Weinort Rauenthal, ca. 1,5 km von der Haltestelle entfernt, war damals nur über einem steinigen und engen Fußweg zur Anhöhe zu erreichen.
Nach Verlassen dieser Haltestelle führte die Strecke ständig steigend durch das immer enger werdende Tal mit dem Nonneneichwald bis zur Bedarfs-Haltestelle „Kloster Tiefenthal" (5,1 km, Schlangenbader Straße). Das Nonnenkloster wurde 1163 erstmals erwähnt und ist 1803 nach der Säkularisierung aufgehoben und abgerissen worden. Nach dem Zweiten Weltkrieg ist das kriegszerstörte Nonnenkloster wieder aufgebaut worden.

Haltestelle Marktplatz beim „Gasthaus zur Krone" in Neudorf, hier befand sich auch ein Ausweichgleis für Züge, die nur von Eltville bis Neudorf verkehrten.
Foto: Sammlung Daniel Eckert

Älteres Kartenmaterial weist aus, dass nach der Haltestelle „Tiefenthal" eine Zugkreuzungsstelle vorhanden war. Laut Dienstvorschrift musste der zu Tal fahrende Zug vor der Weiche warten, der zu Berg fahrende Zug durfte zuerst einfahren.

Es folgte dann die Bedarfs-Haltestelle „Klingermühle", von hier führte ebenfalls eine Zufahrtsstraße zur Ortschaft Rauenthal. Am Platz der abgerissenen Gaststätte „Klingermühle" befindet sich seit 1937 die Firma EFEN (Elektrotechnische Fabrik Eltville-Neudorf). Immer noch steigend führte die Strecke zu den Bedarfs-Haltestellen Neu Mühle und der Schmelzers Mühle, wechselte kurz nach der Lochmühle von der linken auf die rechte Straßenseite im Bereich Rheingauer Straße / Mühlweg. Das Gleis wurde anschließend auf eigenem Bahnkörper zwischen der Rheingauer Straße und dem Mühlweg (in der Verlängerung Im Wiesengrund) geführt. Zwischen diesen Straßen lagen die Gleisanlagen und das Bahnhofsgebäude Schlangenbad (7,8 km). Das Ende der Bahnhofsanlage war etwa in gleicher Höhe des heute noch auf der gegenüberliegenden Seite befindlichen Postgebäudes. Das kleine Fachwerkgebäude hatte einen Warteraum und eine Stückgutannahme. Auf dem Bahnhofsgelände stand ein kleiner Zeitungskiosk. Am Bahnhof warteten schon die Hausdiener der Hotels auf die angemeldeten Gäste, um deren Gepäck in Empfang zu nehmen. Aber auch die Pensionsinhaber fanden sich hier zum Empfang ihrer Gäste ein.

Nach dem Zweiten Weltkrieg sind auf dem ehemaligen Bahnhofsgelände eine Reihe von kleinen Einfamilienhäusern gebaut worden.

Die Gleisanlagen des Endbahnhofs Schlangenbad bestanden wegen des geringen Platzbedarfs zwischen beiden Straßen aus dem Hauptgleis, einem Umsetzgleis und vermutlich gab es auch ein Abstellgleis. Die ankommenden Reisenden hatten einige hundert Meter an Wegstrecke bis zu den Hotels, Gaststätten, Pensionen und Kuranlagen von Schlangenbad zurückzulegen. Das Bahnhofsgelände gehörte damals der Stadt Eltville, man kann daher zu Recht sagen, dass die Bahn die Stadt Eltville nie verlassen hat.

Die Kleinbahn hatte auf der rund 30-minütigen Fahrt zwischen Eltville und Schlangenbad einen Höhenunterschied von 220 m zu

überwinden. Bei den planmäßigen Haltestellen betrug der Höhenunterschied in Eltville 90 m, in

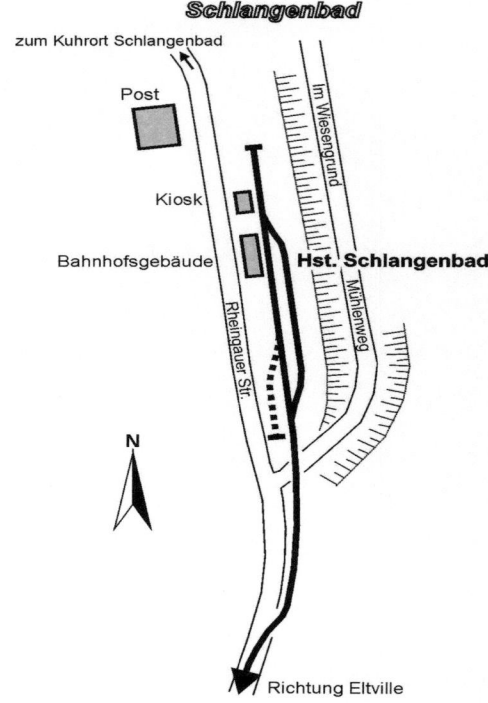

Endhaltestelle Schlangenbad. Die Gleisanlagen endeten in Höhe des gegenüberliegenden Postgebäudes. Vermutlich war hier ein Abstellgleis für Güterwagen   Zeichnung: S. Skrandies

Haltestelle Klingermühle, seit 1937 befindet sich hier die Fa. EFEN
Foto: Sammlung Daniel Eckert

Neudorf 150 m, Rauenthal 260 m und Schlangenbad 310 m über NN. In den Zeitschriften für Kleinbahnen und Handbüchern über Kleinbahnen werden über die Strecken- und Gleislänge zwischen Eltville und Schlangenbad unterschiedliche Angaben gemacht. Bei der Betriebseröffnung am 1. Juli 1895 wird die Streckenlänge mit 7,65 km angegeben, hiervon auf eigener Trasse mit 0,40 km und im Straßenplanum mit 7,25 km.

Endbahnhof Schlangenbad mit Kiosk um 1905, links das Kgl. Post- und Telefonamt, rechts die Häuser in der Mühlstraße.
Foto: Sammlung Daniel Eckert

Die Gleise lagen in den gepflasterten Ortsstraßen bzw. geschotterten Chausseen. Im Laufe des Bestehens der Kleinbahn bis Anfang 1927 wurden in den Statistiken und anderen Veröffentlichungen die Gesamtgleislänge unterschiedlich von 7,65 km bis 8,94 km angegeben. Ob und inwieweit Übertragungsfehler bei den jährlichen Meldungen an die Aufsichtsbehörden vorliegen oder doch die Gleisanlagen erweitert wurden, konnte nicht festgestellt werden.

Vermutet wird auch, dass ein Gleisanschluss vom Endpunkt der Kleinbahn in der Wilhelmstraße in Eltville zum Rheinufer bestanden haben könnte. Nach Berichten hat aber nur eine Anlegestelle für die Personendampfschifffahrt auf dem Rhein bestanden. Die Veröffentlichungen zur Stadtgeschichte von Eltville erwähnen keinen Schiffsgüterumschlag und keinen Bahnanschluss zum Rheinufer.

Des Weiteren wird angenommen, dass die direkt an der Schwalbacher Straße / Ecke Wiesweg liegende Ziegelei Rackey, später Klüter (heute Schulzentrum), ein Anschlussgleis hatte. Das vorgefundene Kartenmaterial weist keinen Bahnanschluss aus. Es könnte durchaus so gewesen sein, dass zwischen den Verkehrszeiten der Personenzüge ein oder zwei Güterwagen vor der Ziegelei abgestellt wurden, um u.a. Kohlen zu entladen oder mit Ziegelsteinen zu beladen.

Die Vermutung liegt nahe, dass man die Ziegelsteine mit Pferdefuhrwerken, später mit einem Lkw, von der Ziegelei zu dem rund 1.0 km entfernt liegenden Staatsbahnhof transportiert hat, um auch hier nicht die anfallenden Umladegebühren für die kurze Strecke bezahlen zu müssen. Eine Klärung war in beiden Fällen nicht möglich.

Kleinbahnzug abfahrbereit an der Endhaltestelle in Schlangenbad. Vermutlich gab esauch nach dem Foto zu urteilen, ein Abstellgleis für Güterwagen

Foto: Sammlung Gerd Wolf

Kastenlokomotive mit Lokführer, Heizer und Fahrgästen vor dem Bahnhofsgebäude in Schlangenbad um 1930.
Foto: Dr. Welty, Sammlung Helga Simon

Die in der Zeitschrift für Kleinbahnen angegebenen Daten zum Gleisoberbau sind ebenfalls verwirrend. Die Schienen für den Oberbau wurden auf einer Kies- oder Schotterbettung verlegt und bestanden im Wesentlichen aus Rillenschienen (System Phoenix) und aus Vignolschienen. In den Anfangsjahren sind 7 m lange Vignolschienen mit einem Gewicht von 16 kg/m auf 10 hölzernen Querschwellen = 1,65 km und 7 m Rillenschienen von 34 kg/m auf 10 hölzernen Querschwellen = 7,29 km verlegt worden. Vor dem Ersten Weltkrieg hat man teilweise den Gleisoberbau verändert, so wird im Ergänzungsheft Statistik der Kleinbahnen im Deutschen Reich 1914 berichtet: 7 m Vignolschienen, 16 kg/m auf 10 hölzernen Querschwellen = 1,72 km, 7 m Rillenschienen, 34 kg/m in Pflaster auf Packlage = 5,30 km und 7 m Rillenschienen, 51 kg/m in Pflaster auf Packlage = 1,99 km, insgesamt 9,01 km. Für 1927/1928 sind ausgewiesen: Vignolschienen = 0,8 km und Rillenschienen = 6,98 km, insgesamt 7,78 km.

Laut Fahrplan des Jahres 1909 waren die Kilometerangaben wie folgt vermerkt:

0,0 km	Eltville (Staatsbahnhof)
3,3 km	Neudorf (Martinsthal)
3,7 km	Rauenthal
7,8 km	Schlangenbad

Dazu ergänzender Hinweis auf dem Fahrplan:

„Außer an obigen Stationen halten die Züge noch in Eltville: Restaurant Deutsches Haus. An den Haltestellen: Turnhalle (Schwalbacher Straße), Klingermühle und Schmelzersmühle wird nach Bedarf gehalten. Hier Einsteigende wollen dem Lokführer ein deutliches Haltezeichen geben; Fahrgäste, welche an diesen Haltestellen auszusteigen beabsichtigen, wollen dies bei Beginn der Fahrt dem Schaffner mitteilen. Der Weg von der Dampferanlegestelle in Eltville bis zur Kleinbahnstation „Deutsches Haus" kann zu Fuß in etwa 7 Min. zurückgelegt werden. Rückfahrkarten haben 2 Tage Gültigkeit."

Postkartenansicht des Endbahnhofs Schlangenbad um die Jahrhundertwende.

Foto: Sammlung Daniel Eckert

Fahrzeuge der Dampfstraßenbahn

Dampflokomotiven

Während des über 30-jährigen Bestehens der Schmalspurbahn stand nur ein bescheidener Fahrzeugpark zur Verfügung. Das Kleinbahngesetz von 1892 enthielt keinerlei Bestimmungen über die Ausführung der Betriebsmittel, sie wurden erst in den Ausführungsbestimmungen von 1898 näher geregelt.

Die ADKG hatte bei der Bestellung der Betriebsmittel wohl richtig erkannt, dass aufgrund der zu erwartenden Betriebsverhältnisse mit ihren großen Steigungen, den teilweise engen Ortsdurchfahrten in Eltville und Neudorf, nur kleine zweiachsige Dampflokomotiven in Betracht zu ziehen wären. Gleichwohl gab es bei diesen Triebfahrzeugen unterschiedliche Bauarten, von denen in Deutschland die Kastenlokomotiven - auch Tramway-Lokomotiven genannt - mit den tief herunterreichenden Triebwerkverkleidungen anzutreffen waren, während im übrigen Europa derartige Tenderdampflokomotiven mit teilweiser oder ohne Triebwerksverkleidung vorzufinden waren.

Diese Kastenlokomotiven mit ein oder zwei Personenwagen wurden hauptsächlich im städtischen Bereich eingesetzt und verdrängten in großen Städten um 1880 die vielfach bestehenden Pferdebahnen. In den Anfangsjahren hatten diese Dampfstraßenbahnen, die u.a. öffentliche Straßen mitbenutzten, wegen des leichten Unter- und Oberbaus der Pferdebahnen mit erheblichen Schwierigkeiten zu kämpfen. Im Bereich der Innenstadt wiesen diese Strecken vielfach zu enge und unübersichtliche Kurven auf. Daher wurden hauptsächlich zwei- bzw. dreiachsig gekuppelte Kastendampflokomotiven eingesetzt. Bei der geringen Geschwindigkeit der Züge reichten sie zur Bewältigung des Personenverkehrs vollauf aus. Zum Zeitpunkt ihres Einsatzes lag der Bau und Betrieb von elektrischen Straßenbahnen in den Großstädten noch in den Anfangsstadien. Sie haben aber nach der Einführung des elektrischen Betriebes noch viele Jahre überlebt. Neben den städtischen Dampfstraßenbahnen gab es u.a. auch sog. Stichbahnen, die zwei nahe beieinander liegende Orte verbanden. Gemeinsame Merkmale dieser Bahnen waren die kurzen Strecken und ein geringes Verkehrsaufkommen mit überwiegendem Personen- und bescheidenem Güterverkehr.

Die Grundlage für die Beschreibung der Kastendampflokomotiven ist hauptsächlich den sehr umfangreichen Veröffentlichungen von Walter Hefti, *„Tramway-Lokomotiven"* und *„Straßenbahnlokomotiven"*, entnommen worden.

Die von den Herstellerfirmen gelieferten Lokomotiven sind in diesen Büchern kurz beschrieben worden und beinhalten teilweise auch technische Daten. So ist es möglich, die Kastenlokomotiven trotz mangelnder Unterlagen etwas umfangreicher darzustellen. Die Gesellschaft beschaffte zunächst im Jahre 1895 bei der Fa. Henschel & Sohn in Kassel drei zweiachsig gekuppelte Kastenlokomotiven. Im Jahre 1899 kamen 2 weitere fast baugleiche Maschinen hinzu.

Lokmannschaft mit Lok Nr. 2 und „Zaungäste" auf dem Depotgelände in Eltville. Eines der Lokschilder weist als Eigentümer die Stadt Eltville aus
Foto: Sammlung Strothjohann

Bei der gedrungenen Bauart der Straßenbahnlokomotiven besaß der Kastenaufbau bis zur halben Höhe ringsum eine Verkleidung, oberhalb waren große seitliche Öffnungen einschließlich der gebogenen Stirnwände, die bei dieser Kleinbahn hingegen (soweit anhand der Bilder erkennbar) nicht verglast waren. Mehrere Stützen hielten das leicht gewölbte Dach. Der rundum offene Kastenaufbau bot dem Lokführer und dem Heizer kaum Schutz vor den Wettereinflüssen. Es war für das Lokpersonal kein leichter Dienst auf einer derartigen Maschine. Das Triebwerk wurde durch untere seitliche Blenden verdeckt und schützte vor Straßenschmutz und Staub. Die Verblendung verdeckte außerdem das sich bewegende Triebwerk mit den zischenden Dampfzylindern und sollte das Scheuen einiger ängstlicher Pferde vor dieser Kastenlok verhindern.

Um die Kastenbreite der gelieferten Straßenbahnlokomotiven gegenüber anderen Bauarten zu reduzieren, hatte man innerhalb des Fahrwerksrahmens das schräg liegende Triebwerk mit Steuerung und den Innenzylindern eingebaut. Nachteilig waren hier die über der Vorderachse liegenden Zylinder mit Flachschieber, die bei der anstehenden Wartung und Reparatur nur sehr schlecht zugänglich waren. Die Treibachse war gekröpft, die beiden

Achsen gekuppelt und abgefedert. Der Radstand betrug 1600 mm, die Räder hatten einen Durchmesser von 800 mm. Die Kastenlänge ohne Puffer war mit 4700 mm angegeben, die Kastenbreite betrug 2354 mm. Der Kessel hatte eine Gesamtheizfläche von 28,7 m^2. Seitlich des Kessels befand sich die Feuertür, vor und hinter dem Kessel war ausreichend Platz für das Lokpersonal. Die Kohlen lagen hinter dem Kessel und teilweise in einem kleinen Kasten an der Rückwand. Die Lokomotive war mit Petroleumlampen und einer Glocke ausgerüstet. Die Mittelpufferkupplungen entsprachen in etwa den damals üblichen Straßenbahnkupplungen, den Trichterkupplungen mit eingesetztem Zugeisen und waren 700 mm über Schienenoberkante angebracht.

Der Lokführer stand in Fahrtrichtung neben dem Kessel und im Bereich der kupfernen Feuerbüchse, daneben befanden sich leicht erreichbar die Hebel zur Betätigung der mech. Bremse und für die Joy-Steuerung, mit der die Vor- und Rückwärtsfahrt einer Lok schnell und einfach vorgenommen werden konnte. In seiner Veröffentlichung „Tramwaylokomotiven" erwähnt Hefti, dass in den Anfangsjahren der Herstellung von Kastenlokomotiven bei der Fa.

Henschel eine Allansteuerung eingebaut worden sei, obwohl, so führt er weiter aus, ab 1883 anstelle der Allansteuerung nunmehr die Joy-Steuerung zum Einsatz käme.

Auf der Kesselmitte war der Dampfdom mit Regulator und den Sicherheitsventilen angeordnet. Die Maschine war zwar auf Einmannbedienung ausgerichtet, jedoch musste aus betrieblichen Gründen bei der Eltviller Kleinbahn auf der Lokomotive ein Heizer mitfahren.

Kleinbahnzug einsatzbereit auf dem Betriebsgelände in Eltville

Foto: Sammlung Paul Scharhag

Bevor im Einzelnen über den Bestand und Verbleib der eingesetzten Lokomotiven berichtet wird, bedarf es vorab einiger Erklärungen zu den teils widersprüchlichen Angaben in der Literatur. Unterschiedliche Aussagen werden über die beiden Tramway-Lokomotiven mit den Fabr.-Nr. 4303 / 1895 und Fabr.-Nr. 5118 / 1899 gemacht.

Tramway-Lok wird im Depotbereich auf den nächsten Einsatz vorbereitet
Foto: Sammlung Paul Scharhag

Bei seinen Nachforschungen zur Geschichte der Hohenlimburger Kleinbahn (HKK) hat W. D. Groote

einen Geschäftsbericht aus dem Jahre 1918 vorgefunden, in dem vermerkt ist: *„-zwei alte, schwache Loks zum Preis von 37 000 M gekauft".*

K. P. Quill konnte einige Dinge ergänzend ausführen. Er wies darauf hin, *„dass die ADKG bzw. die ADEG die Lokomotiven stets mit der Kessel-Nr. geführt haben".* In dem Betriebsmittelverzeichnis der ADEG sind neben den Betriebs-Nrn. immer die Kessel-Nrn. angegeben worden. So wird u.a. bei der Lok Nr. 2 vermerkt: *„- hat z.Zt. Kessel 5118".* Das Betriebsmittelverzeichnis der Kleinbahn Eltville – Schlangenbad konnte K. P. Quill von einem ehemaligen Mitarbeiter der ADEG erhalten. Bei der Gesamtdarstellung über die bei der Kleinbahn eingesetzten Fahrzeuge wurden diese Aufzeichnungen zu Grunde gelegt.

Lok Nr. 1

Die von der Fa. Henschel & Sohn in Kassel im Jahre 1895 gelieferte Kastenlokomotive mit der Fabr.-Nr. 4302 erhielt die Betr.-Nr. 1.

Die technischen Hauptabmessungen der Lok Nr. 1 sind teilweise der Veröffentlichung von W. Hefti,

Tramway-Lokomotiven, entnommen worden.

Bauart	Bn2t K
Baujahr	1895
Spurweite	1000 mm
Kastenlänge	4700 mm
Länge über Puffer	5700 mm
Radstand	1600 mm
Raddurchmesser	800 mm
Heizfläche	28,70 m²
Rostfläche	0,70 m²
Dampfdruck	14,0 atm
Zylinderdurchmesser	270 mm
Zylinderhub	350 mm
Zugkraft	1,6 t
Geschwindigkeit	30 km/h
Wasservorrat	1,3 m³
Kohlevorrat	0,8 t
Leergewicht	14,0 t
Dienstgewicht	18,0 t

Weiter führt W. Hefti aus: *„Soweit es den innerstädtischen Verkehr betrifft, waren - zumindest in der Frühzeit – Kondensationseinrichtungen vorgeschrieben. Anfänglich wurde der Abdampf in einen im Dach eingebauten Wasserkasten geleitet und dort kondensiert. Da solche Einrichtungen nur kurze Zeit in Betrieb bleiben konnten, wurden später Röhrenkondensatoren eingebaut, welche durch den Fahrwind gekühlt wurden. Das Kondensat wurde durch einen Ölscheider wieder dem Speisewasser zugegeben".*

Abfahrtbereiter Dampfstraßenbahnzug mit Kurgästen und Hausdienern, sowie Sommer- und Personenwagen im Bahnhof Schlangenbad. Die auf dem Dach der Lok Nr. 5 befindlichen Kondensationseinrichtungen sind gut zu erkennen

Foto: Sammlung Daniel Eckert

In den ersten Betriebsjahren waren die Kastenlokomotiven mit sog. Röhrenkondensatoren ausgerüstet. Ein kleiner Hinweis ergibt sich aus der Polizeiverordnung vom 23. Mai 1896: *„Das Auffrischen und Aufgeben von Feuerung auf dem Rost darf, außer an den Endpunkten der Bahn, nur an Stellen erfolgen, neben welchen sich keine Wohnhäuser befinden. Der verbrauchte Dampf muß nach Möglichkeit kondensiert werden".*

Diese Röhrenkondensatoren haben sich wahrscheinlich, wie auch bei anderen Bahngesellschaften, nicht bewährt und sind zu einem späteren Zeitpunkt abgebaut worden. Wahrscheinlich erfolgte dann die Kesselbefeuerung mit Koks. Somit war sichergestellt, dass bei den engen Ortsdurchfahrten das Feuerungsmaterial nicht qualmte. Zumindest in den frühen Betriebsjahren hatte die Lok

Nr. 5 mit der Fabr.-Nr. 5119 auf dem Dach eine derartige Einrichtung. Ob und inwieweit die anderen Lokomotiven eine gleiche Anlage besaßen, konnte anhand der vorliegenden Bilder nicht eindeutig festgestellt werden.

Weitere Aufzeichnungen über den Einsatz dieser Maschine bei der Bahn waren nicht zu ermitteln. Die Lok soll nach der Stilllegung verkauft und im Jahre 1934 verschrottet worden sein.

Lok Nr. 2

Die baugleiche Kastenlokomotive Nr. 2 mit der Fabr.-Nr. 4303 ist nach Angaben von K .P. Quill im Jahre 1918 an die Hohenlimburger Kleinbahn verkauft worden (s. Angaben W. D. Groote).

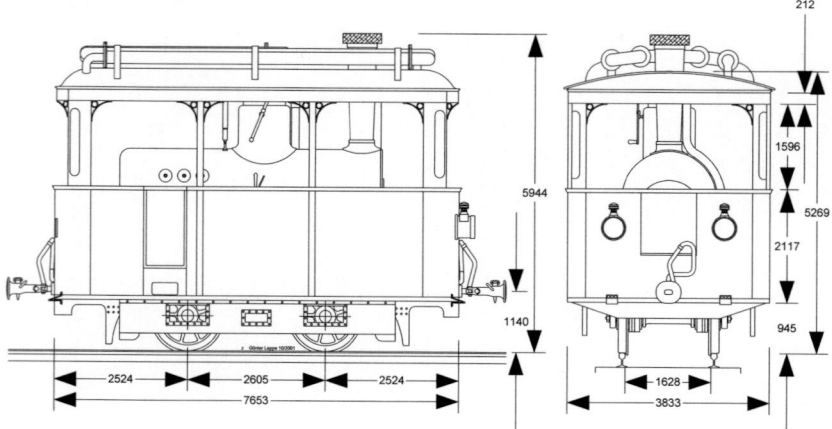

Zeichnung der Henschel-Kastendampflokomotive Nr. 5 im Ablieferungszustand mit der Kondenseinrichtung auf dem Dach. Wahrscheinlich ist diese Einrichtung zu einem späteren Zeitpunkt wieder abgebaut worden

Zeichnung. Günter Lappe

Lok Nr. 3

Die baugleiche Kastenlokomotive Nr. 3 mit der Fabr.-Nr. 4304 - Baujahr 1895 - ist nach dem Ersten Weltkrieg an ein holländisches Straßenbahnunternehmen der Centralen Limburgischen Stoomtram Mij. (CLS) verkauft worden. Hierzu einige ergänzende Angaben:

Jan Block erwähnte in seinem Buch: „*Trams in Midden en Zuid-Limburg*" (NL 1998), dass die ADKG die Lok Nr. 3 zu Beginn des Jahres 1919 an die Westdeutsche Sprengstoffwerke AG in Dortmund verkauft habe und

auf dem Werksgelände in Rummenohl mit der Betr.- Nr. 5 eingesetzt worden sei.

Bei weiteren Nachforschungen fand J. Block u.a. das folgende Schreiben der Westdeutschen Sprengstoffwerke an die Limburgsche Tramway-Mij. vom 14. April 1919:

Abfahrbereiter Zug in der Wilhelmstraße in Eltville. Die Kondensationsanlage auf dem Lokdach ist abgebaut

Foto: Sammlung Paul Scharhag

Angebot

1 gebrauchte in allen Teilen betriebsfähige Lokomotive Nr.4304

1895 von Henschel & Sohn gebaut mit kupferner Feuerbüchse

Spurweite	*1000 mm*
Achsenzahl	*2*
Radstand	*1600 mm*
Raddurchmesser	*800 mm*
Dampfüberdruck	*14 atm*
Dampfzylinder	*270 mm*
Kolbenhub	*350 mm*
Rostfläche	*0,7 qm*
Heizfläche	*28,6 qm*
Dienstgewicht	*19000 kg*
Länge einschl. Zughaken	*5,30 m*
Breite	*2,40 m*
Höhe	*3,70 m*
Leistung	*200 PS*

zum Preis von 60.000,- Mark ab Werk Rummenohl.

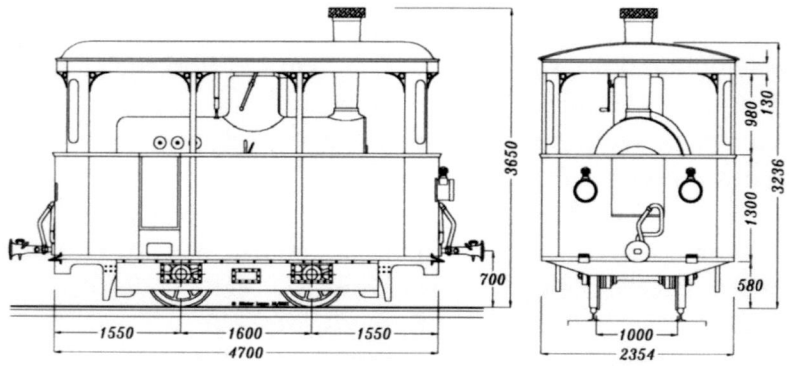

Zeichnung der Kastendampflokomotive Nr. 5 (baugleich mit Lok Nr.4) ohne Kondensationseinrichtung
Zeichnung Günter Lappe

Weiter wurde berichtet, dass die Westdeutschen Sprengstoffwerke über die Fa. Orenstein & Koppel die Lok Nr. 5 (ex-Lok-Nr. 3) am 26. April 1919 zu einem Betrag von 13.950 Gulden an die CLS verkauft habe. Bei diesem Unternehmen hat die Lok die Betr.-Nr. 7 erhalten.

Zuvor wurde die Lok von einem CLS-Werkmeister auf ihren technischen Zustand überprüft. Bei der Untersuchung wurden erhebliche Mängel festgestellt. Deshalb wurde sie am 28. Juli 1919 von Rummenohl zur Fa. Backer & Rueb in Breda (NL) zur Durchführung der Reparatur-arbeiten transportiert. Mitte April 1920 konnte Lok Nr. 7 schließlich bei der CLS im Personen- und im Güterverkehr eingesetzt werden. Im Jahre 1921 erwarb die Limburgsche Tramway-Mij. (LTM) aufgrund der Fusion beider Gesellschaften den gesamten CLS-Fahrzeugpark und

beabsichtigte, die Lok - Nr. 7 möglichst schnell zu verkaufen. Da sich kein Käufer fand, wurde die Maschine weiterhin auf den Strecken der LTM eingesetzt und erst im Jahre 1930 auf dem Depotgelände abgestellt. Im Dezember 1936 konnte die Maschine mit weiterem Fahrzeug-material verkauft werden; Anfang 1937 wurde sie verschrottet. Bei der LTM war sie beim Personal nur unter dem Namen *„De Vogelkooi"* (Der Vogelkäfig) bekannt.

Dem vorgenannten Buch ist zu entnehmen, dass die zweiachsigen Kastenlokomotiven mit innen liegenden Zylindern, gekuppelten Achsen, einer kupfernen Feuerbüchse, zwei Injektoren, einer Handglocke, einer Zentralschmiereinrichtung für Zylinder nebst Schieber und einer Handbremse ausgerüstet waren.

70

Lok Nr. 3 baulich verändert und abgestellt auf dem Werksgelände der Centralen Limburgischen Tramway-Mij (LTM) Foto: Jan Block

Zusammenfassend noch einmal die weiteren wesentlichen technischen Daten zu Lok Nr. 7, die sich aus einer Tabelle über alle bei der CLS / LTM eingesetzten Lokomotiven ergeben:

Auffallend ist, dass beim Vergleich der technischen Daten gegenüber dem Angebot geringfügige Abänderungen festzustellen sind, die wahrscheinlich nach Durchführung der erforderlichen Reparaturarbeiten in den Niederlanden eingetreten sind.

Lebenslauf

Hersteller	*Henschel*
Fabrik-Nr.	*4304*
Länge	*4700 mm*
Länge ü.P.	*5600 mm*
Breite	*2490 mm*
Höhe	*3450 mm*
Wasservorrat	*2,3 m³*
Kohlevorrat	*0,8 t*
Dienstgewicht	*18,5 t*
Leergewicht	*15,0 t*

Lok Nr. 4

Im Jahre 1899 wurden zwei weitere Kastenlokomotiven geliefert. Sie hatten die Fabr.-Nummern 5118 und 5119; die Betriebs-Nummern waren 4 und 5.

Da der Personenverkehr in den Anfangsjahren auch mit vier Kastenlokomotiven abgewickelt werden konnte, wurde Lok Nr. 4 - Fabr.-Nr. 5118 - an die Biebertalbahn ausgeliehen. Die Kleinbahn Gießen – Bieber gehörte mit zum Konzern der ADKG und es war innerhalb einer Gesellschaft durchaus üblich, dass sowohl Lokomotiven als auch Wagenmaterial untereinander ausgetauscht wurden.

In der Veröffentlichung über die Biebertalbahn von Dr. R. Haus wird berichtet, dass aufgrund der Zunahme des Personenverkehrs bei der Biebertalbahn im Jahre 1904 die Lok Nr. 4 ausgeliehen worden sei. Nach dem Ersten Weltkrieg nahmen die Beförderungsleistungen im Personen-verkehr bei der Biebertalbahn erheblich ab, so dass die entliehene Lok Nr. 4 im Jahre 1921 wieder an die Kleinbahn Eltville-Schlangenbad zurückgegeben wurde.

In der Dokumentationsreihe von G. Wolff *„Deutsche Klein- und Privatbahnen – Teil 4 Hessen"* wird erwähnt, dass Lok Nr. 4 vorübergehend von 1914–1916 an die Heeresverwaltung Mainz abgegeben worden sei. Die Lok soll dort Transportleistungen innerhalb der Befestigungsanlagen der Stadt Mainz geleistet haben.

Im Buch über die Biebertalbahn wird der vorübergehende Einsatz in Mainz allerdings nicht erwähnt.

Im Jahre 1928 zählte die Kastenlok noch mit zum Bestand der Dampfstraßenbahn. Sie ist aber nach der Stilllegung 1934 auch verschrottet worden.

Lok Nr. 5

Die beiden Straßenbahnlokomotiven Nr. 4 und 5 unterschieden sich von der Erstlieferung im Jahre 1895 hinsichtlich der technischen Daten nur geringfügig.

Ergänzend sind auf einer im Stadtarchiv Eltville vorgefundenen Zeichnung der Lok Nr. 5 - Fabr.-Nr. 5119 - auch die technischen Daten vermerkt. Die Lokomotive hatte ebenfalls einen Radstand von 1600 mm, der Raddurchmesser betrug 800 mm.

Die weiteren Daten sind:

Bauart	Bn2tK
Länge über Kupplung	5700 mm
Breite	2354 mm
Höhe	3650 mm
Radstand	1600 mm
Raddurchmesser	800 mm
Heizfläche	28,70 m^2
Rostfläche	0,7 m^2
Dampfdruck	14,0 kg/cm^2
Zylinderdurchmesser	270 mm
Kolbenhub	350 mm
Wasservorrat	1,3 m^3
Kohlevorrat	0,85 t
Leergewicht	14,0 t
Dienstgewicht	17,8 t

W. D. Groote konnte bei seinen Nachforschungen zum Fahrzeugpark der Hohenlimburger Kleinbahn (HKB) zum Einsatz und zum Verbleib der Lok Nr. 5 keine weiteren Angaben machen. Nach Angaben von K. P. Quill ist die Lok von 1918 - 1923 an die HKB vermietet und anschließend wieder an die Kleinbahn Eltville – Schlangenbad zurückgegeben worden. 1932 wurde sie an die Westdeutschen Sprengstoffwerke Dortmund für das Werk Rummenohl verkauft.

Verzeichnis der Kastenlokomotiven

Betr.-Nr.	Gattung	Fabr.-Nr.	Baujahr	Bemerkungen
1	Bn2tK	**4302**	1895	+ 1934
2	Bn2tK	**4303**	1895	1918 an Hohenlimburger Klb. Lok Nr. 7
3	Bn2tK	**4304**	1895	1919 an LTM/CLS (NL), + 1936
4	Bn2tK	**5118**	1899	1904 an Biebertalbahn, 1921 zurück 1921 an E-S, 1928 noch im Bestand der E-S, + ?
5	Bn2tK	**5119**	1899	1918 an Hohenlimburger Klb. vermietet, als Lok Nr.8, 1923 wieder an E-S zurück, 1932 verkauft an Westdeutsche Sprengstoffwerke Dortmund f. Werk Rummenohl. + ?

(+ verschrottet)

Personenwagen

Die überwiegend gemischten Züge bestanden in der Regel aus der Tramway-Lokomotive, zwei Personenwagen und einem zweiachsigen Güterwagen für Gepäck- und Stückgutbeförderung.

Bei der Betriebseröffnung 1895 waren sechs vierachsige Personenwagen von der Waggonfabrik AG, vormals P. Herbrand & Cie, in Köln-Ehrenfeld geliefert worden. Leider konnten von diesen Personenwagen entsprechende Originalzeichnungen nicht aufgefunden werden, so dass anhand der wenigen Bilder entsprechende Skizzen von drei verschiedenen Bauformen gefertigt wurden.

Die in den Jahren vor 1900 hergestellten Personenwagen der Fa. Herbrand wiesen vielfach Standardmaße auf, die auch an andere Kleinbahnengesellschaften geliefert wurden und sich in ihrer Bauart ähnelten. Bei den Personen- und auch Güterwagen waren gekröpfte Drehgestelle mit einer gemeinsamen Feder unter den Wagenachsen üblich. Die Wagenlänge o.P. betrug 10710 mm, die Drehgestelle hatten einen Achsstand von 1000 mm und einen Drehzapfenabstand von 6000 mm. Alle Personenwagen hatten Spindelbremsen und die übliche Trichterkupplung. Drei Wagen hatten Einrichtungen der II. und III. Klasse, außerdem war ein kleiner Raum als Postabteil (Gattung BCPost4i) vorhanden, die drei weiteren Wagen führten die III. Klasse (Gattung C4i). Alle Wagen hatten zunächst offene Endbühnen, die zum Aufenthalt während der Fahrt genutzt werden konnten. An der Stirnseite des Wagenkastens befand sich der Eingang zum Wageninneren.

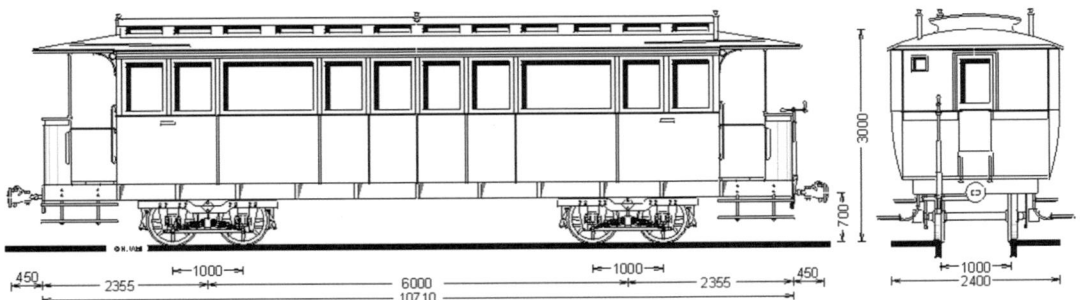

Zeichnungsskizze eines vierachsigen geschlossenen Personenwagens bei der Erstablieferung durch die Fa. Herbrand · *Zeichnung: Henning Wall*

Anhand der vorliegenden Bilder kann man auch gut erkennen, dass zu einem späteren Zeitpunkt unterschiedliche Plattformverglasungen eingebaut worden sind. Diese Schutzwände verhinderten, dass Abdampf und Rauch der Lokomotiven ins Wageninnere gelangte Die Fenstereinteilung war entgegen der bei der Fa. Herbrand verwendeten Dreifachstruktur bei den Wagen der Eltviller-Bahn verändert. Es bestanden bei diesen Wagen zwei große und acht kleine schmale Fenster. Die Fahrzeuge waren mit Petroleumlampen ausgestattet. Die Personenwagen hatten ein Laternendach mit ausstellbaren Lüf-

tungsfenstern, drei Dachlüftern und Entlüftungsröhren für die Petroleumlampen und den Kohleofen. Im Mai 1904 wurde bei einem Personenwagen die Acetylengas-Beleuchtung versuchsweise eingerichtet. Ob und inwieweit die anderen Wagen nachgerüstet worden sind, war nicht festzustellen. Die Einrichtung der Wagen ist nicht bekannt, doch ist zu vermuten, dass diese als Durchgangswagen mit einem Mittelgang ausgeführt worden sind. So war es möglich, dass der Fahrkartenverkauf durch den

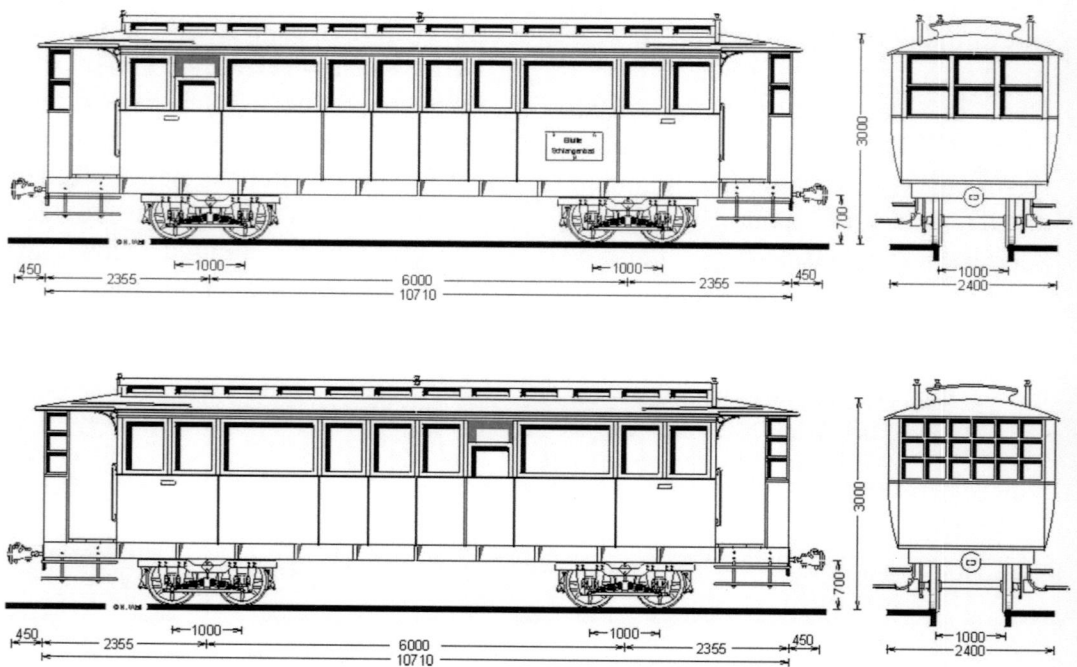

Anhand der vorliegenden Bilder kann man gut die unterschiedlichen Plattformverglasungen erkennen.

Zeichnungen: Henning Wall

Zugführer bzw. Schaffner während der Fahrt leichter erfolgen konnte.

Die Anzahl der Gesamtsitzplätze bei den Personenwagen wurde in der Statistik mit 576 Plätzen ausgewiesen, das entsprach einem Platzangebot pro Wagen von 48 Sitzplätzen und 16 Stehplätzen auf dem Perron.

Im Jahre 1899 wurden wegen der Zunahme des Personenverkehrs vier vierachsige Personenwagen beschafft. Es ist durchaus wahrscheinlich, dass hier die so genannten Sommerwagen (Gattung C4i) geliefert wurden.

Um den Fahrgästen an warmen Sommertagen nicht nur für den Ausflugsverkehr etwas Besonderes auf der Fahrt nach Schlangenbad entlang der Weinanbaugebiete zu bieten, setzte die Dampfstraßenbahn vereinzelt diese Sommerwagen ein. Diese Wagen bestanden aus einem hölzernen Aufbau mit überdachten Querabteilen und 48 Sitzplätzen.

Der Zugang zum Wageninneren war über die Plattformen und kleinen seitlichen Eingangstüren möglich. An den Seitenöffnungen befanden sich mit Troddeln verzierte Sonnenvorhänge, um die Damenwelt vor den Sonnenstrahlen zu schützen - denn es war damals nicht üblich den Teint durch Sonnenbräune zu verschönern.

Das Fahrgestell und die Drehgestelle entsprachen den gelieferten Personenwagen.

Im Jahre 1903 ist der Personenwagen Nr. 10 (Gattung C4i) an die Nassauische Kleinbahn abgegeben worden und erhielt dort die Betr.-Nr. 25.

Eindeutig ist, dass bis zur Stilllegung der Bahn vier offene und fünf geschlossene Personenwagen verblieben.

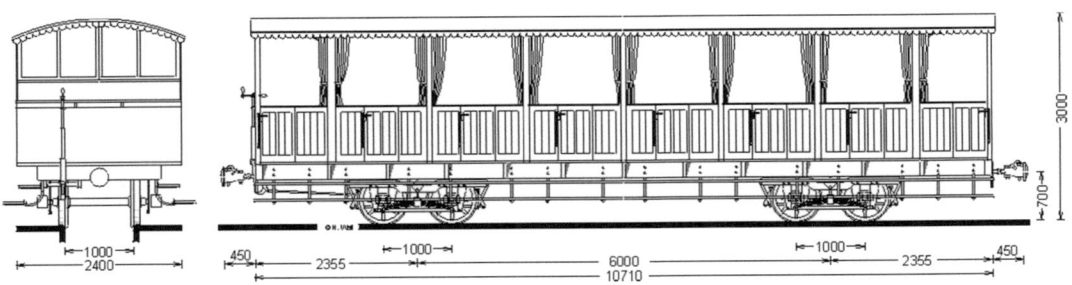

Zeichnungsskizze eines vierachsige, offenen Personenwagens, auch Sommerwagen genannt   *Zeichnungen: Henning Wall*

Güterwagen

Der Güterwagenbestand war für eine Dampfstraßenbahn mit neun Wagen doch beachtlich. Alle Wagen wurden ebenfalls von der Fa. Herbrand beschafft. Zur Bahneröffnung standen zwei zweiachsige und zwei vierachsige gedeckte Güterwagen zur Verfügung. Die zweiachsigen Wagen hatten ein Ladegewicht von 5 t; einer dieser Wagen wurde schon 1903 an die Nassauische Kleinbahn AG verkauft, der andere Wagen ist 1934 verschrottet worden.

Die beiden vierachsigen gedeckten Güterwagen hatten ein Ladegewicht von 7,5 t und sind beide 1904 verkauft worden. Zuvor hat die Betriebsführung im gleichen Jahr drei offene und einen gedeckten vierachsigen Güterwagen von der Fa. Herbrand gekauft Sie hatten nunmehr ein Ladewicht von 10 t. Auffallend war bei den offenen Güterwagen die Bauform mit hochgezogenen Kopfenden.

Die offenen und die gedeckten vierachsigen Güterwagen hatten eine Kastenlänge von 8500 mm o.P., der zweiachsige gedeckte Güterwagen eine Länge von 4500 mm o.P..

Auf der im Stadtarchiv Eltville vorgefundenen Zeichnung zum offenen Güterwagen war vermerkt, dass diese die Betr.-Nr. 12, 13 und 14 hatten. Leider waren auf der Zeichnung des gedeckten Wagens keine derartigen Hinweise.

Des weiteren wurde ein zweiachsiger Spezialwagen (unbekannter Gattung) ebenfalls 1904 von der Fa. Herbrand geliefert.

Die erbrachten Beförderungsleistungen im Güterverkehr waren während des Bestehens der Dampfstraßenbahn äußerst gering. Im Vordergrund stand der Personenverkehr. Man fragt sich, warum die ADKG hier im Jahre 1904 vierachsige Güterwagen mit einem höheren Ladegewicht von 10 t beschafft hatte. Es waren mit wenigen Ausnahmen nur Transportleistungen für die Anliegergemeinden und den Kurort Schlangenbad zu erbringen, wie z.B. Baumaterialien jeglicher Art, Brennstoffe, Holz aus der Forstwirschaft, landwirtschaftliche Produkte sowie Güter für den täglichen Lebensbedarf.

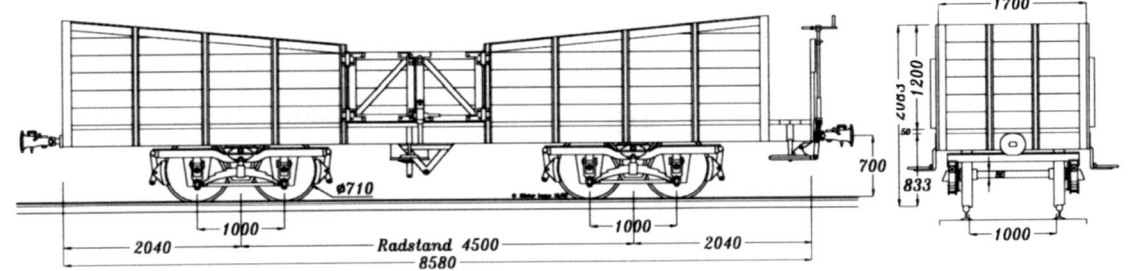

Zeichnung des offenen Güterwagens mit Bremserbühne. Eigenartig sind bei diesen Wagen die hochgezogenen Kopfenden

Zeichnung Günter Lappe

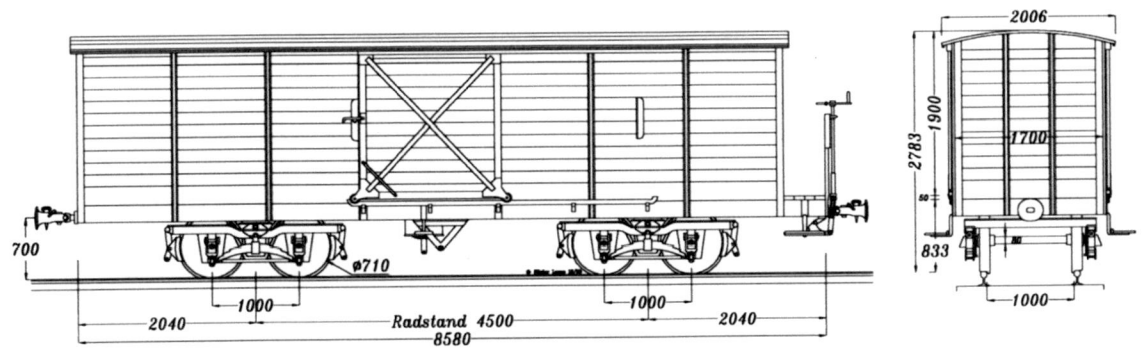

Zeichnung des vierachsigen geschlossenen Güterwagens mit Bremserbühne

Zeichnung Günter Lappe

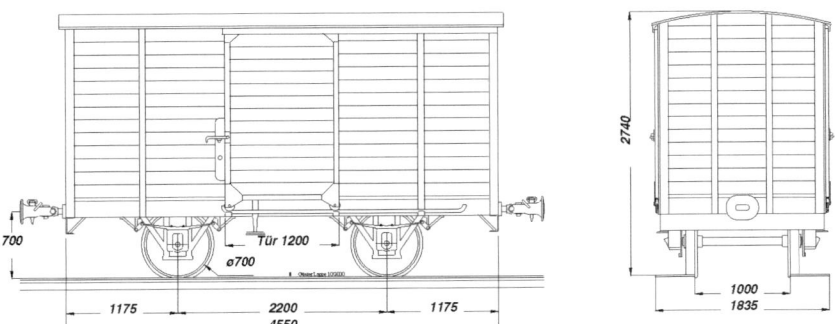

Der kleine zweiachsige geschlossene Güterwagen konnte nach vorliegenden Maßangaben zeichnerisch gefertigt werden

Zeichnung Günter Lappe

Verzeichnis des Wagenparks

Personenwagen

Betr.-Nr.	Gattung	Baujahr	Bemerkungen
1	BCPost4i	1895	alle Wagen verschrottet
2	BCPost4i	1895	
3	BCPost4i	1895	
4	C4i	1895	
5	C4i	1895	
6	C4i	1895	
7	C4i	1899	
8	C4i	1899	
9	C4i	1899	
10	C4i	1899	1903 an Nassauische Kleinbahn (Nr.25) Im Bestand 3 Sommerwagen

Güterwagen

Betr.-Nr.	Gattung	Baujahr	Bemerkungen
?	G	1895	5 t Ladegewicht, 1903 an Nassauische Kleinbahn
?	G	1895	5 t Ladegewicht, + 1934
?	GG	1895	7,5 t Ladegewicht, 1904 verkauft
?	GG	1895	7,5 t Ladegewicht, 1904 verkauft
? (12)	OO	1904	10 t Ladegewicht
? (13)	OO	1904	10 t Ladegewicht
? (14)	OO	1904	10 t Ladegewicht
?	GG	1904	10 t Ladegewicht

+) alle Wagen verschrottet
Lt. Statistik 1904, 1908 und 1928
4 Vierachsiger G-Wg
1 Zweiachsiger G-Wg
1 Spezialwagen

In seinem Buch über die Verkehrsgeschichte der Biebertalbahn hat Dr. Rainer Haus ausführlich über die ADKG berichtet. Sowohl die Klb. Gießen – Bieber als auch die Klb. Eltville – Schlangenbad gehörten u.a. zum Konzern. Die bei den Ermittlungen von Dr. Haus vorgefundenen Geschäfts- und Revisionsberichte beinhalten auch Angaben über die betriebliche und wirtschaftliche Situation der Klb. Eltville – Schlangenbad, die auszugsweise in dieser Veröffentlichung wiedergegeben werden.

Nachtrag und Danke

Eine vollständige Darstellung der Verkehrsgeschichte der Dampfstrassenbahn Eltville – Schlangenbad ist angesichts der lückenhaften Unterlagen nicht mehr möglich, viele Schriftstücke und Bilder sind seit der Stilllegung im Jahre 1933 verschwunden. Viele Fragen bleiben unbeantwortet. Trotzdem hat es mich gereizt, die Verkehrsgeschichte dieser Bahn von ihrer Entstehung bis zu ihrer Stilllegung so umfangreich darzustellen, wie es nur möglich war.

Mein ganz besonderer Dank gilt allen, die mir auf vielfältiger Weise behilflich waren. Herr Paul Scharhag aus Eltville, der in seiner Freizeit im Stadtarchiv Eltville ehrenamtlich tätig ist, hat mich tatkräftig bei meinen Nachforschungen unterstützt. Herr Daniel Eckert aus Georgenborn öffnete sein heimatgeschichtliches Archiv und stellte seine Unterlagen zur Verfügung.

Ergänzendes Material erhielt ich von Frau Helga Simon und den Herren Jan Block (NL), Achim Carius, Daniel Eckert, Wolf Dietrich Groote, Heiner Kreis, Dr. Rolf Löttgers, Jörn Müller, Ernst Moritz Müller, Klaus-Peter Quill und Gerd Wolff.

Die Zeichnungen (M 1:87) fertigten die Herren Günter Lappe, Siegmund Skrandies und Henning Wall. Allen sei herzlich gedankt.

Anhang

Quellenverzeichnis

Dörffeldt, Dr. Dr. Siegfried — Schlangenbad, Geschichte und Gegenwart
Herausgeber: Gemeinde Schlangenbad 1968

Eckert, Kurt — Kleinbahn Eltville – Schlangenbad in: Klein- und Nebenbahnen im Taunus
Verlag Rösler + Zimmer, Augsburg 1978

Fuchs, Konrad — Eisenbahnprojekte und Eisenbahnbau am Mittelrhein 1836 – 1903
in: Nassauische Annalen, Wiesbaden 1956

Haus, Dr., Rainer — Die Biebertalbahn
Verlag im Biebertal, 1998

Hefti, Walter — Tramway-Lokomotiven
Birkhäuser Verlag, Basel 1980

Hefti, Walter — Dampfstraßenbahnen
Birkhäuser Verlag, Basel 1984

Jahn, Wolfgang / Musik, Waldemar/ Rosenkranz, Klaus — Die Nassauische Kleinbahn
EK-Verlag, Freiburg 1978

Kopp, Klaus — Die Aartalbahn
Herausgegeben vom Heimat- und Verschönerungsverein,
Dotzheim 1983

Löttgers, Dr., Rolf — Die Dampfstraßenbahn Eltville – Schlangenbad
in: Jahrbuch für Eisenbahngeschichte (DGEG) 1973 – Bd. 6

Seeger, Werner — Reichsbahndirektion Frankfurt/Main und Vorbehörden
Herausgeber: Hess. Hauptstaatsarchiv, Wiesbaden

Söhnlein, Heinz — Die ehemalige Dampfstraßenbahn von Eltville (Rhein) nach Schlangenbad
Heinz Söhnlein, Mainz Gonsenheim 1974

Söhnlein, Heinz — Die Dampfstraßenbahn von Eltville nach Schlangenbad
in: Rheingauische Heimatblätter Nr. 3/1977, Nr. 4/1977 und Nr. 1/1978

Söhnlein, Heinz — Die Dampfstraßenbahn von Eltville nach Schlangenbad
in: Eltville am Rhein, 650 Jahre Stadtgeschichte, Kultur, Landschaft
Herausgeber: Magistrat Eltville

Söhnlein, Heinz — Erinnerungen an die Klb. Eltville - Schlangenbad
in: 25 Jahre Eisenbahnfreunde Mainz – Wiesbaden 1961 – 1986

Wolff, Gerd — Dampfstraßenbahn Eltville - Schlangenbad
in: Deutsche Klein- und Privatbahnen
Teil 4 Hessen, Rheinland-Pfalz, Saar
Verlag W. Zeunert, Gifhorn 1975

Eltville Magistrat — Eltville 650 Jahre Stadtgeschichte, Kultur, Landschaft
Verschiedene Unterlagen des Stadtarchivs Eltville einschl. der Fahrzeugzeichnungen und div. Zeitungsausschnitte
Hess. Landesbibliothek Wiesbaden - Amtsblatt der Kgl. Regierung zu Wiesbaden –
Jg. 1895 – Nr. 7, Jg. 1896 – Nr. 430,
Jg. 1897 – Nr. 411, Jg. 1899 – Nr. 724,
Jg. 1900 – Nr. 448 + 1174,
Jg. 1903 – Nr. 237, Jg. 1906 – Nr. 854,
Jg. 1908 – Nr. 176,
Jg. 1927 – Nr. 204, Jg. 1933 – Nr. 379
Zeitschrift für Kleinbahnen, verschiedene Jahrgänge
Handbuch der deutschen Straßenbahnen, Kleinbahnen und Privatbahnen 1928
Sterbende Bahnen: Eltville - Schlangenbad
in: Der Sammler-Brief – Dezember 1952 – Nr. 97
Eltville – Schlangenbad in: Böttcher – Schmalspurbahnen Nr. 6
Privatbahnen – Kleinbahnen im Rheingau
in: Lok-Report 1973 – Nr. 7
Eltville in alten Ansichten
Verlag Europäische Bibliothek, Zaltbommel / NL 1977
Schlangenbad in alten Ansichten
Verlag Europäische Bibliothek, Zaltbommel / NL 1989
Auch Rauenthal hatte einen Bahnhof
Verfasser unbekannt, Manuskript 1953
Der Rheingaukreis
Beschreibung und Statistik 1891 – 1900, Rüdesheim 1902
Die Rheinlande von der schweizer bis zur holl. Grenze
Handbuch für Reisende von K. Baedeker, Leipzig 1902
Taunusführer, Taunus-Club e.V.
Frankfurt/M., 6. Auflage

Kleinbahns Ende

Unsre Kleinbahn, ach die Gute
Pfeift bald auf der letzten Tute;
Alterschwach wird ihr Gebein,
Und in Kürze geht sie ein.

Jahr um Jahr fuhr sie entlang,
Mit viel Gestank den Schienenstrang;
Sehr zum Ärger vieler Leute,
Die sie arg mit Qualm betreute!

Bergwärts fuhr sie viel mit Schnaufen,
Talwärts konnte sie besser laufen,
Sauste über Stock und Stein,
Einmal brach sie gar ein Bein!

Während der Inflation-Zeiten,
Ihr die Ruh´ tat Freud´ bereiten;
Bis ein großer Mann – oh Graus
Holt sie aus dem Stall heraus!

Reinigte ihr faul´ Gedärme,
Brachte unterm Kessel Wärme;
Jagte sie nach Schlangenbad,
Trotz – sie war noch sehr malad!

Tag für Tag ging das so weiter,
Ob der Himmel trüb, ob heiter,
Schleppte Menschen hin und her,
Bis sie sprach: „Ich kann nicht mehr"!

Ach, nun kommt das bitt´re Ende,
Aller Dinge Schicksalswende;
Heut` kommt nun die letzte Fahrt,
Mit Dampf und Qualm, nach alter Art!

Tränen fließen, Tücher schwenken,
Einen letzten Blick sie schenken;
Uns´rer „teuren" Eisenbahn,
Die brav ihren Dienst getan!

Entnommen dem Rheingauer Beobachter
vom 16. März 1933 – Rund um Eltville

Nachwort

Liebe Leserinnen und Leser, liebe Eisenbahnfreunde, unser Vater Lothar Riedel (1929-2003) hat sich seit seinem 40. Lebensjahr den Eisenbahnen und ihrer Geschichte gewidmet. Während er in den ersten Jahren noch nach den Spuren der ausrangierten Dampflokomotiven suchte, interessierten ihn später mehr und mehr stillgelegte Bahnstrecken verschiedenen Kleinbahnen. Seine Urlaubsziele verband er oft mit diesen Bahnstrecken und hat dabei viel geschichtliches Material zusammengetragen. Dieses Material zu archivieren und später in Bücher umzusetzen wurde seine neue Leidenschaft für seinen wohlverdienten Ruhestand. In dieser Zeit hat er zahlreiche Bücher herausgebracht.

Als er von seiner schweren Krankheit erfuhr und zunächst sämtlichen Mut verlor, war das Buch bereits zu 95 % fertig und stand kurz vor der Veröffentlichung. Er hat es trotz seiner angeschlagenen Gesundheit selbst zu Ende geschrieben und zur Druckreife gebracht. Die erste Auflage war im Nu vergriffen. Die 2. Auflage wurde aufgrund der zahlreichen Bestellungen nochmals gedruckt und war in vier Wochen bereits wieder vergriffen.

Die vielen positiven Kritiken aus Fachzeitschriften gaben ihm und uns neuen Mut. Jetzt gibt es eine Neuauflage in leicht veränderter Präsentation. Bei der Überarbeitung haben wir erst gemerkt, welche Leistungen unser Vater noch vor Ausbruch der Krankheit und während der Krankheit vollbracht hat.

So wird auch dem aussenstehenden Betrachter das Zitat von Hermann Hesse (1877-1962) auf den ersten Seiten des Buchs besser verständlich:

Damit das Mögliche entsteht, muss immer
wieder das Unmögliche versucht werden.

Edda und Lutz Riedel

Bücher

Pingel-Anton - Die Cloppenburger Kreisbahn
Verkehrsgeschichte der schmalspurigen Kleinbahn Cloppenburg-Lastrup-Lindern-Landesgrenze
Verlag und Büro für spezielle Verkehrsliteratur, Röhr, 1980

Die Hümmelinger Kreisbahn
Die Verkehrsgeschichte der schmalspurigen Kleinbahn Lathen-Sögel-Werlte
Verlag und Büro für spezielle Verkehrsliteratur, Röhr, 1982

Die Geldernsche Kreisbahn
Die Verkehrsgeschichte der schmalspurigen Kleinbahn Kempen-Straelen-Kevelaer
Verlag des Historischen Vereins für Geldern und Umgegend, Geldern 1989

Kleinbahn Velbert-Heiligenhaus-Hösel 1899-1923-1952
Die Verkehrsgeschichte einer schmalspurigen Kleinbahn im Niederbergischen
Eigenverlag L. Riedel, 1996

Die Schmalspurbahn Engelskirchen-Marienheide
Nebenbahndokumentation Band 30
Verlag Kenning, 1997

Die Cloppenburger Kreisbahn
Nebenbahndokumentation Band 35
Verlag Kenning, 1997

Die Kleinbahn Philippsheim-Binsfeld
Nebenbahndokumentation Band 51
Verlag Kenning, 1999

Die Schmalspurbahn Rheinbrohl-Mahlberg GmbH und die Werksbahn der Kali-Chemie Bad Hönningen
ISBN: 9783837082692

Inselbahn Fotobücher

Erhältlich sind Fahrzeugaufnahmen der Inselbahnen Wangerooge; Spiekeroog und Langeoog.

Die Bildbände sind eine Fundgrube historischer Inselbahn Bilder. Sie bietet neben seltenen Bildern auch eine Reihe von Impressionen der Betriebsanlagen. In den Bildbänden wurden die über 40 Jahre alten, aus dem Nachlass Lothar Riedels stammenden Fotos, die er während eines Sommerurlaubes 1973 erstellt hatte, zusammen getragen.

Zu jeder Inselbahn gibt es zwei Bücher:
In den günstigeren Ausgaben befinden sich einige ausgesuchte Bilder der Inselbahnen.
In dem ausführlichen Fotobildband sind weitere Bilder der Bahnen abgelichtet.

Die Bücher sind reine Bildbände (Fotobücher), in denen keine allgemeine Informationen zum Verbleib und zu den technischen Daten der Fahrzeuge gegeben werden.

Wangerooge:
Die kleine Ausgabe ist zu einem Preis von 8.95€ zu erhalten.
Paperback Fotoglanzpapier 200 g im Format: 21x15
ISBN: 9783734771958

Die ausführliche Ausgabe ist zu einem Preis von 34.95€ zu erhalten.
Hardcover mit Fadenbindung auf Fotoglanzpapier 200 g im Format: 19x27cm 52 Seiten
ISBN: 9783734771972

Die Bücher beinhalten die in der Tabelle aufgeführten schwarz weiß Fotos

	kleine Ausgabe	ausführliche Ausgabe
Loks	9	17
Personenwagen:	6	19
Güterwagen:	13	36
Kesselwagen:	5	6
Kran:	1	1
Betriebsanlagen:	4	5

Spiekeroog:
Die kleine Ausgabe ist zu einem Preis von 8.95€ zu erhalten.
Paperback Fotoglanzpapier 200 g im Format: 21x15
ISBN: 9783734772023

Die ausführliche Ausgabe ist zu einem Preis von 39.95€ zu erhalten.
Hardcover mit Fadenbindung auf Fotoglanzpapier 200 g im Format: 19x27cm 96 Seiten
ISBN: 9783734772030

Die Bücher beinhalten die in der Tabelle aufgeführten schwarz weiß und Farbfotos im

	kleine Ausgabe	ausführliche Ausgabe schwarz weiß / farbige Bilder	
Loks:	7	15	8
Packwagen:	1	6	1
Personenwagen:	6	30	2
Güterwagen:	10	47	1
Kesselwagen:	3	7	2
Betriebsanlagen:	12	19	2
Anleger:		4	1
Schiffe:	2	6	

Langeoog:
Die kleine Ausgabe ist zu einem Preis von 8.95€ zu erhalten.
Paperback Fotoglanzpapier 200 g im Format: 21x15
ISBN: 9783734771996

Die ausführliche Ausgabe ist zu einem Preis von 34.95€ zu erhalten.
Hardcover mit Fadenbindung auf Fotoglanzpapier 200 g im Format: 19x27cm 44Seiten
ISBN: 9783734772016

Die Bücher beinhalten die in der Tabelle aufgeführten schwarz weiß Fotos

	kleine Ausgabe	ausführliche Ausgabe
Loks:	9	23
Packwagen:	1	4
Personenwagen:	6	10
Güterwagen:	6	13
Unkrautbekämpfungswagen:	1	1
Betriebsanlagen:	5	11
Schiffe:	1	1